Flash CS5 动画制作基础

Flash CS5 Animation

刘珊珊◎编著

蘭州大學出版社

图书在版编目(CIP)数据

Flash CS5 动画制作基础/刘珊珊编著. —兰州：兰州大学出版社,2013.1

ISBN 978-7-311-04048-2

Ⅰ.①F… Ⅱ.①刘… Ⅲ.①动画制作软件 Ⅳ.①TP391.41

中国版本图书馆 CIP 数据核字(2013)第 019807 号

策划编辑　梁建萍
责任编辑　佟玉梅
封面设计　刘　杰

书　　名　Flash CS5 动画制作基础
作　　者　刘珊珊　编著
出版发行　兰州大学出版社　(地址:兰州市天水南路 222 号　730000)
电　　话　0931-8912613(总编办公室)　0931-8617156(营销中心)
　　　　　0931-8914298(读者服务部)
网　　址　http://www.onbook.com.cn
电子信箱　press@lzu.edu.cn
印　　刷　兰州奥林印刷有限责任公司
开　　本　787 mm×1092 mm　1/16
印　　张　7.75
字　　数　156 千
版　　次　2013 年 1 月第 1 版
印　　次　2013 年 1 月第 1 次印刷
书　　号　ISBN 978-7-311-04048-2
定　　价　16.00 元

前 言

Flash 软件自面世以来,由于其制作的网页矢量动画图像质量好、下载速度快、兼容性强等优点,已经广泛地用于网页的动画制作,并成为了网页矢量动画的格式标准。Flash Professional CS5 是 Adobe 公司于 2011 年 5 月发布动画制作工具的新版本。

本书从基础入手、实用出发,结合实例详细阐述了动画的基本原理以及动画的制作过程。全书共分为 7 章,第 1 章初步介绍了 Flash CS5 的安装和使用的方法,第 2 章介绍了 Flash CS5 的相关概念和动画的基本原理,第 3 章介绍了 Flash CS5 绘图工具的使用和绘图的操作方法,第 4 章介绍了 Flash CS5 文本工具的使用,第 5 章介绍了 Flash CS5 的五种基本动画的制作方法,第 6 章介绍了如何在动画中添加多媒体,第 7 章介绍了 Flash CS5 几个简单的进阶动画。

本书面向初级用户,注重理论和实践的结合,结构清晰,并配以丰富的实例,读者可以通过这些生动的实例一步步地了解并掌握 Flash CS5 的各项工具的使用方法和技巧,有利于学习和动手操作。

目 录

第 1 章　初识 Flash CS5

Flash 作为一种创作工具，主要用于动画制作，使用该软件可以制作出网页互动动画，还可以将一个较大的动画作为一个完整的网页，只要用鼠标进行简单的点击、拖动就可以生成精美的动画。这一章我们主要认识 Flash CS5 的基本界面。

重点难点：

◈ 了解 Flash 的发展史。

◈ 了解 Flash 的特点。

◈ 掌握 Flash CS5 的安装与退出。

◈ 掌握 Flash CS5 的功能。

◈ 了解 Flash CS5 的应用范围。

§1.1　Flash 的发展史

Flash CS5 是 Adobe 公司出品的一款矢量图形编辑和交互性动画创作软件，最初的开发者为 Jonathan Gay。Flash 软件的发展过程如下：

(1)1996 年，Future Splash Animator，这是 Flash 软件的前身。

(2)1996 年 11 月，Flash 1.0。

(3)1997 年 6 月，Flash 2.0。

(4)1998 年 5 月，Flash 3.0 推出，影响力显现。

(5)1999 年 6 月，Flash 4.0。

(6)2000 年 8 月，Flash 5.0。

(7)2002 年 3 月，Flash MX (6.0)。

(8)2003 年 8 月，Flash 2004 发布，同时发布了 Flash 的脚本语言 ActionScript 2.0。

(9)2005 年，Macromedia 推出了 Flash professional 8.0。

(10)2007 年，Flash CS3，脚本语言升级为 ActionScript 3.0。

(11)2008 年，Flash CS4。

(12)2010年,Flash CS5。

§1.2 Flash的特点及Flash CS5的新增功能

Flash软件主要用于动画制作,它支持动画、声音以及交互,具有强大的多媒体编辑功能,使用该软件可以制作出网络互动动画,甚至生成完整的网页文件。Flash CS5版本较以前的版本在功能和工作效率上都有很大的提高,改善了以前版本的缺点,使其功能更加完善。Flash CS5的主要特点有:

(1)交互功能强大。

(2)可以制作精确的矢量图像。

(3)可以重复使用元件。

(4)支持流媒体动画。

(5)生成文件体积小。

(6)具有丰富的外部资源。可以使用外部的声音、图片和视频,大大加强了动画的观赏性。

(7)增加了"代码片段"面板。可以使用户更快、更高效地生成代码,为动画带来更大的创造力。

(8)改进了"骨骼工具"。添加了骨骼的物理特性,可以为骨骼创建出更为逼真的反向运动效果。

(9)增强了"Deco喷涂工具"。

(10)改进了视频支持功能。Flash CS5可以直接在舞台中播放视频,而且支持视频的透明度。

(11)实现多平台发布。多平台发布后的动画可以实现任何尺寸屏幕的一致交付。

(12)可以生成基于XML的FLA源文件。

§1.3 Flash CS5的运行环境要求

在Microsoft Windows系统中运行Flash CS5的配置要求如下:

(1)Inter Pentium 4、Inter Centrino、Inter Xeon或者Inter CoreTM Duo(或兼容)处理器。

(2)Microsoft Windows XP(带有Service Pack 2)或者Microsoft VistaTM Home Premium、Business、Ultimate或Enterprise。

(3)1 GB内存。

(4)3.5 GB的可用硬盘空间。

(5)1024×768 分辨率的显示器。

(6)DVD-ROM 驱动器。

(7)DirectX 9.0 软件(一般安装的光盘会自带安装)。

(8)产品激活需要 Internet 或电话连接。

§1.4　Flash CS5 的安装

Flash CS5 是一款专业的设计软件,其安装方法比较标准,具体的安装步骤如下:

(1)在光驱中放入安装盘,双击安装文件图标,先初始化安装程序,接着弹出安装程序对话框,如图1-1 所示。

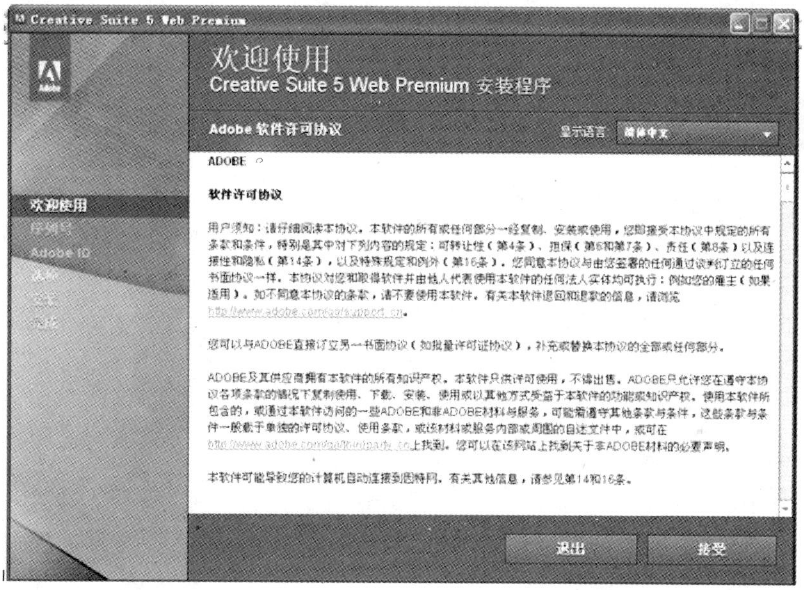

图 1-1　“欢迎使用 Creative Suite 5 Web Premium 安装程序”对话框

(2)单击“接受”按钮,弹出“请输入序列号”对话框,选中“提供序列号”单选按钮,在输入框中输入序列号,会在右侧出现“选择语言”选项,然后在“选择语言”下拉列表中选择“简体中文”选项。当然,在此你也可以选择“安装此产品试用版”选项,同样会在其右侧出现“选择语言”选项,在试用期过后仍可以输入序列号继续试用该软件,如图 1-2 所示。

(3)单击“下一步”按钮,弹出“输入 Adobe ID”对话框,输入 Adobe ID。如果前面选择的是“安装此产品试用版”选项,则安装程序会自动跳过这一步。

(4)单击“下一步”按钮,在弹出的“安装选项”对话框中设置安装路径。如图 1-3 所示。

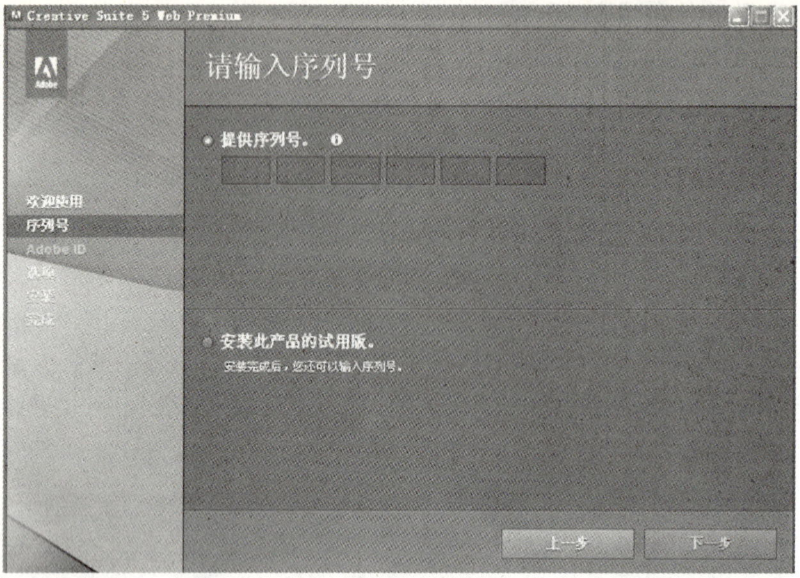

图 1–2　输入序列号

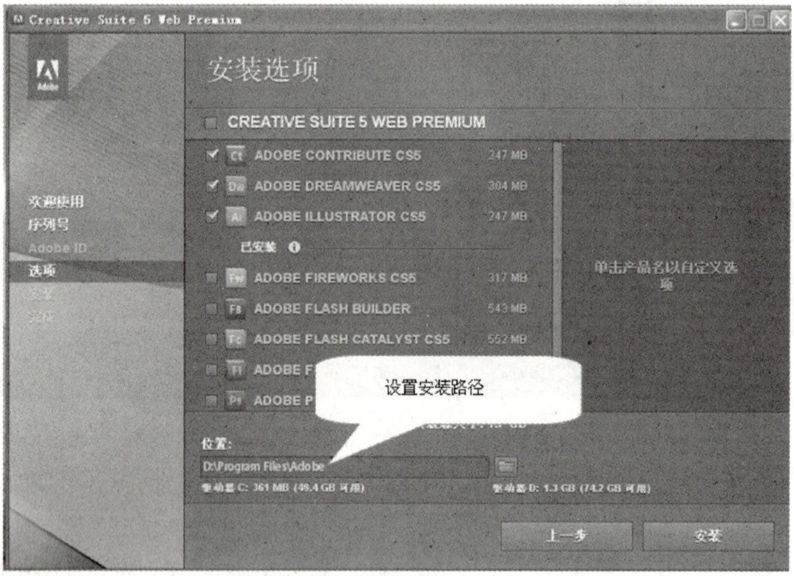

图 1–3　选择安装路径

(5)单击“安装”按钮,会弹出“安装进度”对话框,并在其中显示安装进度,安装完成后,单击“完成”按钮,Flash CS5 即安装成功,如图 1–4 所示。

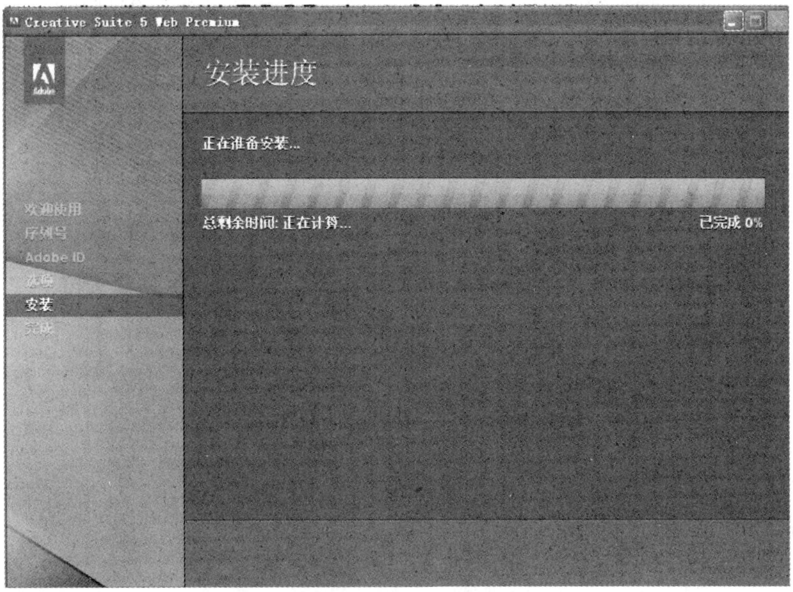

图 1–4　完成安装

§1.5　Flash CS5 的启动与退出

§1.5.1　启动 Flash CS5

启动 Flash CS5 的方法有以下三种：

(1)选择“开始”→“所有程序”→“Adobe Flash Professional CS5”命令。

(2)直接双击桌面上的 Flash 快捷图标。

(3)双击 Flash CS5 相关联的文档。

§1.5.2　退出 Flash CS5

退出 Flash CS5 的方法有以下四种：

(1)单击 Flash CS5 程序窗口右上角的“关闭”按钮。

(2)选择“文件”→“退出”菜单命令。

(3)按“Alt + F4”组合键。

(4)按“Ctrl + Q”组合键。

§1.6 Flash CS5 的工作界面

Flash CS5 版本的工作界面如图 1-5 所示。

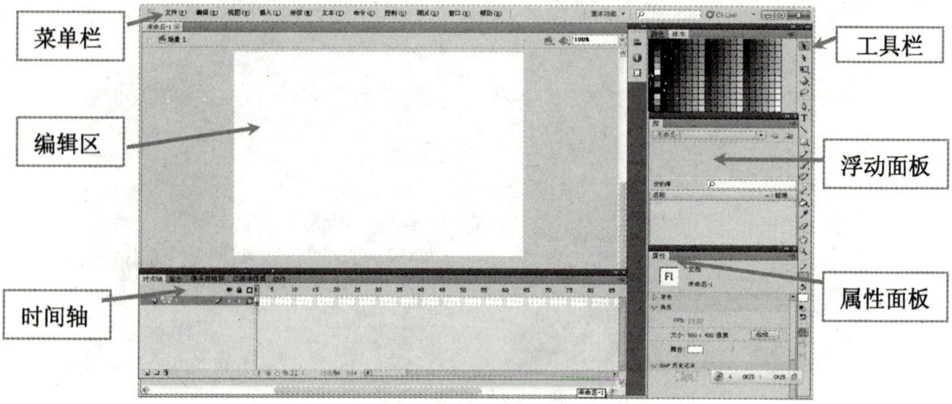

图 1-5　Flash CS5 的工作界面

§1.6.1 编辑区

编辑区是 Flash CS5 提供的编辑制作动画内容的地方，我们制作的动画的内容将完全被显示在这个区域中。在这里用户可以充分发挥自己的想象力，制作和显示出充满动感和生机的动画作品。编辑区根据工作情况和状态被分为两个不同的部分：舞台和工作区。

编辑区正中间的矩形区域就是舞台（Stage），在编辑时，可以在其中绘制或者向其中放置角色或其他电影内容，舞台区域中显示的内容也就是最终生成的动画电影里观众能看到的全部内容，当前舞台的背景也就是生成的电影的背景。

舞台周围的灰色区域就是工作区（WorkArea）。在编辑时工作区里不管放置了多少内容，最终的电影中都不会显示出来，因此可以将工作区看作舞台的后台，它是动画的开始和结束点，也就是角色进场和出场的地方，它为进行全局性的编辑提供了条件。如果不想在舞台后面显示工作区，可以单击 View 菜单，取消对 WorkArea 选项的选择。

§1.6.2 菜单栏

Flash CS5 的界面窗口也采用典型的 Windows 窗口设计，菜单栏位于标题栏的下方，菜单栏里提供了几乎所有的 Flash CS5 命令。用户可以根据不同的功能类型，在相应的菜单下找到需要的各功能选项。

§1.6.3 工具栏

与 Flash 以前版本不同，Flash CS5 版本的工具箱位于界面的右侧，包括“绘图工具组”

"视图工具组""颜色工具组"以及"选项工具组"。这里集中了一些编辑过程中最常用的命令,如图形的绘制、修改、移动、缩放等操作,都可以在这里找到合适的工具来完成,直接提高了编辑工作的效率。

§1.6.4 时间轴

Flash CS5 版本的"时间轴"有别于以往版本,位于编辑区的下方,"时间轴"中除了时间线外还有一个图层管理器。两者配合使用,可以在每一个图层中控制动画的帧数和每帧的效果。"时间轴"对于 Flash CS5 来说是至关重要的,所有的动画效果都是在这里设定的,可以说是 Flash CS5 动画的灵魂。只有熟悉了"时间轴"的操作和使用方法,才可以在动画制作中游刃有余。

§1.6.5 浮动面板

在编辑区的右侧是各项功能面板,这些面板都是浮动式的。用户可以进行移动和变换,可以根据需要将所用的面板整合到浮动面板栏中,这样既方便使用,又不至于将所有面板都调出,导致界面太复杂。

§1.6.6 属性面板

属性面板位于编辑区的右侧,严格来说也是面板之一,但因为它的使用频率较高,作用比较重要,用法也比较特别,所以在软件中单列出来。在动画编辑的过程中,所有的角色(包括舞台背景)的各种相关属性都可以通过属性面板进行编辑修改,使用起来十分方便。

练习题

1.简述 Flash CS5 的使用范围。

2.简述 Flash CS5 的新功能和特点。

3.简述 Flash CS5 的操作界面的组成部分。

第 2 章　基本概念及术语

要熟练使用 Flash CS5 软件制作动画，必须理解和掌握 Flash CS5 中的概念和术语，这是应用 Flash CS5 的基础条件之一。这一章我们将简单介绍 Flash CS5 中的基本概念和术语。

重点难点：

❈了解动画的基本原理。

❈掌握帧、关键帧、空白关键帧的概念。

❈掌握图层、场景和舞台的概念。

❈了解位图和矢量图的概念。

❈了解元件和素材的概念。

§2.1　动画的基本原理

1824 年，罗杰特向英国皇家协会报告发现了人眼存在着“视觉暂留特性”，“视觉暂留特性”是指在 1/24 s 内人眼看到的图像会留在人的视觉神经中，不会消失。动画正是利用了人眼的“视觉暂留特性”。利用这一特性，当连续播放多张图片时，就会形成比较连续的视觉效果，这就是动画。动画的每一张画面对应着“时间轴”上的每一帧，每一秒钟播放图片的张数就是帧频率。帧频率默认设置是 24 帧。

§2.2　帧

§2.2.1　帧的概念

很多单个的图形按先后顺序快速而连续地呈现和消失，这样展现出的整体效果就是我们看到的电影或动画，而这些单个的图形就是我们平时提到的电影或其他视频中所说的帧。Flash CS5 中帧的概念与这种帧的概念类似，并且做了提高和推广。在 Flash CS5 的“时间轴”上，每一帧都可以包含需要显示的内容，包括图形、声音、各种素材和其他对象。帧又分为普通帧、关键帧、空白关键帧，其概念分别如下：

(1)帧。它是进行动画制作的最基本的单位，每一个精彩的动画都是由很多个精心雕琢的帧构成的，在“时间轴”上的每一帧都可以包含需要显示的内容，包括图形、声音、各种素材和其他多种对象。

(2)关键帧。顾名思义，有关键内容的帧。它是用来定义动画变化、更改状态的帧，即编辑舞台上存在实例对象并可对其进行编辑的帧。

(3)空白关键帧。空白关键帧是没有包含舞台上的实例内容的关键帧。

(4)普通帧。在“时间轴”上能显示实例对象，但不能对实例对象进行编辑操作的帧。

§2.2.2　帧、关键帧、空白关键帧的区别

(1)关键帧在“时间轴”上显示为实心的圆点，空白关键帧在“时间轴”上显示为空心的圆点，普通帧在“时间轴”上显示为灰色填充的小方格。

(2)同一层中，在前一个关键帧的后面任一帧处如果插入关键帧，是复制前一个关键帧上的对象，并可对其进行编辑操作；如果插入普通帧，是延续前一个关键帧上的内容，不可对其进行编辑操作；如果插入空白关键帧，是清除该帧后面的延续内容，可以在空白关键帧上添加新的实例对象。

(3)关键帧和空白关键帧上都可以添加帧动作脚本，普通帧上则不能。

§2.2.3　应用中需要注意的问题

(1)应尽可能地节约关键帧的使用，以减小动画文件的体积。

(2)应尽量避免在同一帧处过多地使用关键帧，以减小动画运行的负担，使画面播放流畅。

§2.2.4　有关帧的操作

1.插入帧

(1)在我们每次打开 Flash CS5 的时候，“时间轴”上都只存在一个帧，要在“时间轴”上创建更多的时间，就必须添加额外的帧。例如我们需要将时间延长到 30 帧的位置，我们第一步就要选择“时间轴”上的第 30 帧，如图 2-1 所示。

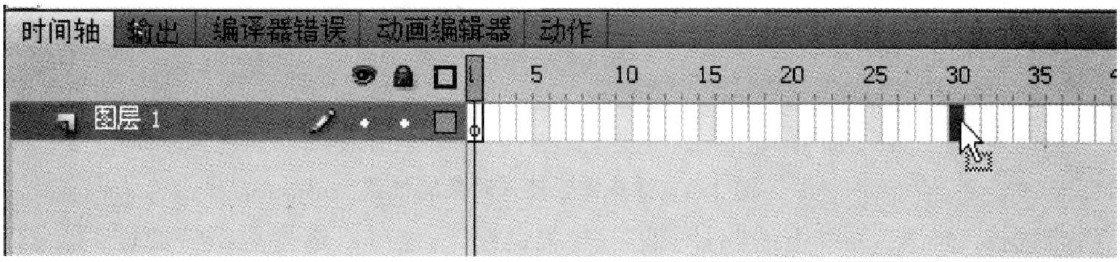

图 2-1　选择第 30 帧

(2)选择“插入”菜单下的“时间轴” →“帧”;也可以选择点击快捷键 F5。这样 Flash CS5 将在该图层中添加帧,直到所选择的位置(第 30 帧)为止,如图 2–2 所示。

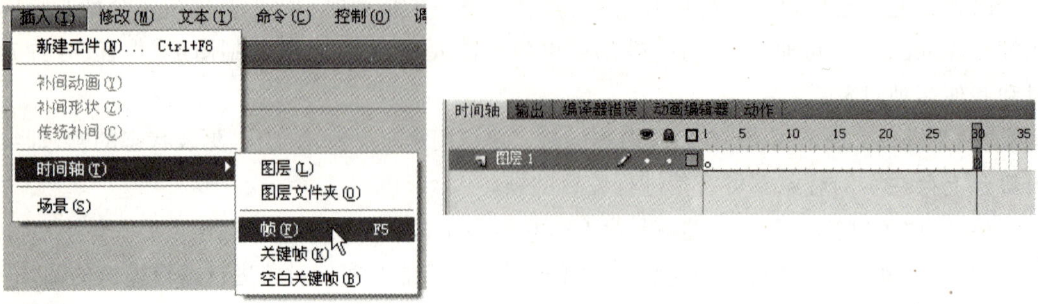

图 2–2 在第 30 帧的位置插入帧

需要注意的是,每一次执行“插入帧”操作只能在所选择的图层中插入帧,如果想在多个图层中同时插入一些帧,可以按住 Shift 键,并在所有图层中希望添加帧的位置单击,然后选择“插入”菜单下的“时间轴” →“帧” 。

2.创建关键帧

关键帧指示“舞台”上内容中的变化。在“时间轴”上利用圆圈指示关键帧;空心圆圈意味着在特定的时间,特定的图层中没有任何内容;实心黑色圆圈意味着在特定的时间,特定的图层中具有某些内容。如图 2–3 所示,在图层 2 和图层 3 中都包含一个实心关键帧,这两个图层中都包含对象,而在图层 1 中包含一个空心关键帧,说明它目前是空的,没有任何对象,我们称这种不包含任何对象的关键帧为“空白关键帧”。

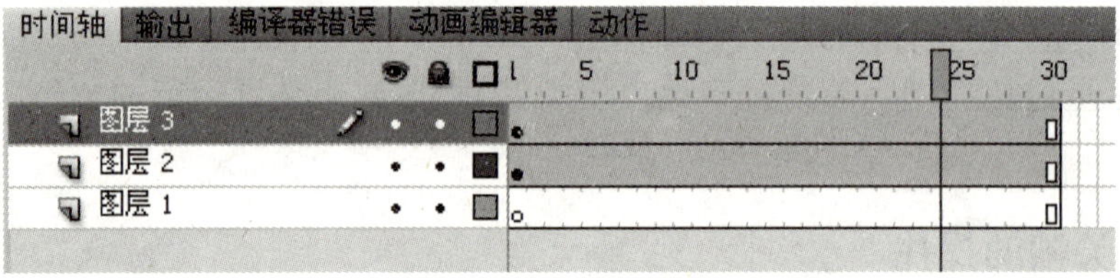

图 2–3 关键帧和空白关键帧

如果我们希望在图层 1 的第 15 帧的位置插入一个对象, 我们就需要在这个位置插入一个关键帧,和插入帧一样,我们要选择需要插入对象的位置,如图 2–4 所示。

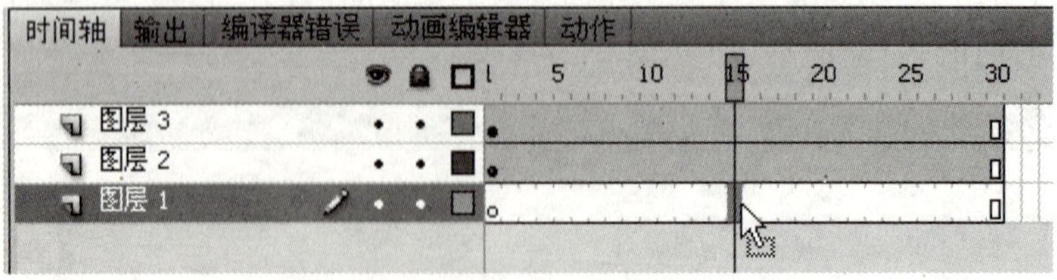

图 2–4 选择需要插入对象的位置

然后选择 “插入”菜单下的“时间轴” →“关键帧” ;也可以选择点击快捷键 F6。这时新的关键帧(通过空心圆指示)将出现在图层 1 的第 15 帧中,如图 2–5 所示。

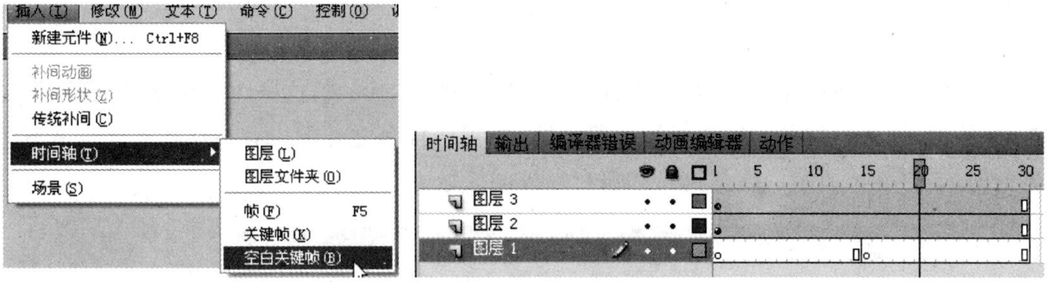

图 2–5　插入一个空白关键帧

§2.3　图层、场景和舞台

要想用 Flash CS5 动画制作出非常具有创意性的设计工作，设计者要将脑海中呈现的动画设想完整而准确地放置到动画文件中，这就对相应的应用软件提出了要求。在 Flash CS5 中需要进行工作的区域有其特定的称谓,这里就对这些称谓做以介绍。

§2.3.1　图层

我们在进行动画制作时,会涉及有多个对象都需要制作动画效果,这时如果同时对很多对象进行编辑就会带来很多麻烦。而 Flash 系列软件提供了图层操作模式,每一个图层具有自己的系列的帧,各图层可以独立地进行编辑操作。这里的图层就好像在绘画时的透明纸张一样,可以在不同的图层上设置不同对象的动画效果,直到满意为止。另外,由于每个图层的帧在时间上也是互相对应的,所以在播放过程中,同时显示的各个图层是互相协调播放的,这样结合设计者的整体构思,会收到意想不到的综合动画效果。Flash CS5 还提供了专门的图层管理器,使用户在使用图层工具时有充分的自主性。

§2.3.2　场景

一个场景本身就是一个完整的动画,它包括需要显示的所有必要的图层。而在整个电影中,单个的场景相当于一个独立的镜头,完整的电影是由一个或很多个场景组成的。可以在场景管理器中设置他们的播放顺序以及其他相关的属性,所有的场景按照设置连续插放就得到了一个完整的影片。

以上介绍的帧、图层和场景是 Flash CS5 中的基本元素,也是完整的电影动画的组成部分,每个 Flash CS5 都是由这些基本的要素经过设计者的构思和艺术加工,再经过 Flash CS5 提供的各项编辑功能的编辑才最终成型的。理解它们的层次关系并将它们有机结合起来运用,就可以在动画设计中游刃有余、条理清楚地设计出独具匠心的动画作品。

§2.3.3 舞台

舞台是用户在创建 Flash CS5 文件时放置图形内容的区域，这些图形包括矢量插图、文本框、按钮、导入的位图图形或者视频剪辑等。放置于舞台之外的内容在动画播放时是不能显示的，如图 2–6 所示的就是舞台和舞台以外的区域。

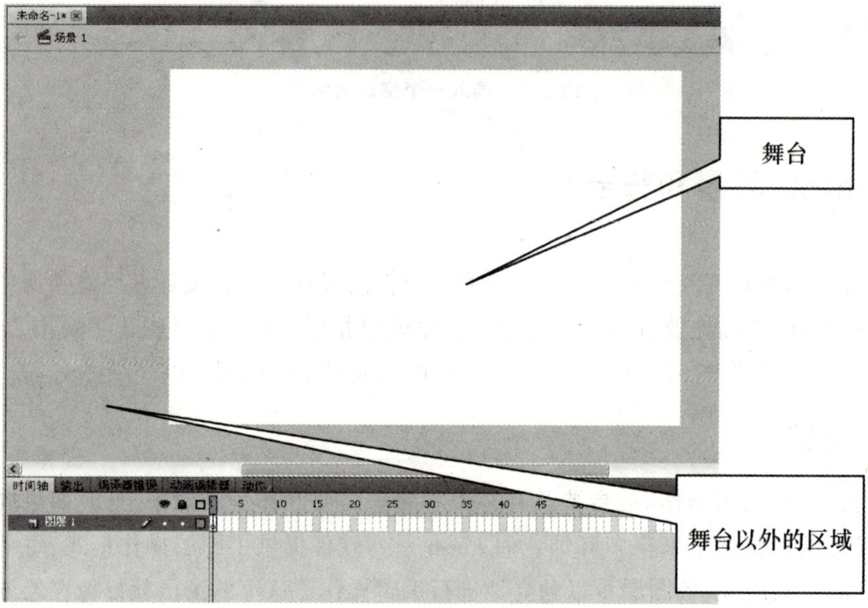

图 2–6 舞台和舞台以外的区域

用户在使用的时候放大或者缩小舞台的大小，以方便使用，另外还可以借助网格、辅助线和标尺等，在舞台上定位项目。

§2.4 位图和矢量图

计算机中的图形根据显示的内部机制的不同可以分为两种：位图和矢量图。使用 Flash CS5 进行对象的处理时，很多时候要用到这两种图形格式，所以首先要弄清楚两者之间的区别。

§2.4.1 位图

位图是由计算机屏幕上的固定点阵组成的，点阵中的每一个点都可以显示不同颜色，所有显示点的集合就是显示的位图。而每点显示色彩数量的多少决定了整个位图的色彩深度，因此图形的显示点数(图形的绝对尺寸)和图形色彩深度共同决定了位图文件的大小。它的这种显示机理也决定了在图形编辑的过程中，其显示精度会相应地受到影响，如图 2–7 所示。

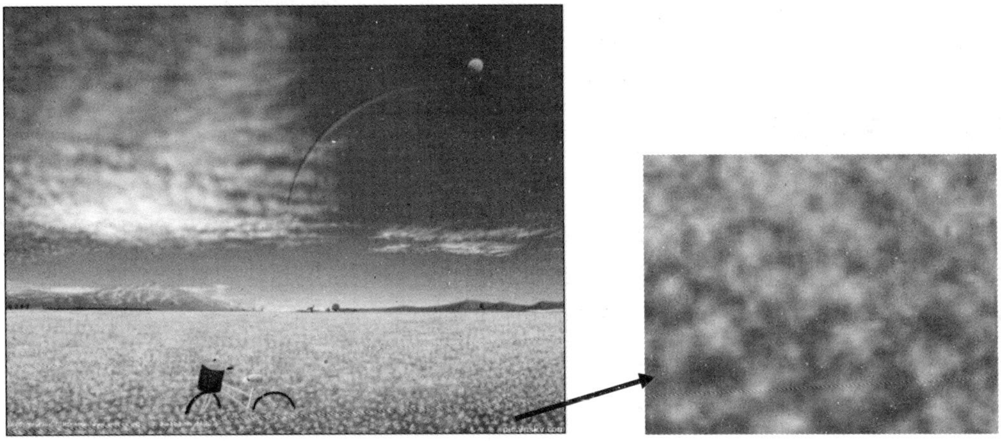

图 2-7　位图

§2.4.2　矢量图

矢量图是计算机根据得到的矢量数据，自行计算后绘制出来的图形。

与位图不同，矢量图与屏幕上的显示点无关，它的文件大小与图形的绝对尺寸和色彩深度无关，而取决于图形的复杂程度。矢量图由线框和填充色块组成，它在屏幕上显示时的尺寸可以进行自由缩放，形状及其他相关参数也可以自由编辑，所有的这些操作都不影响其显示精度，如图 2-8 所示。

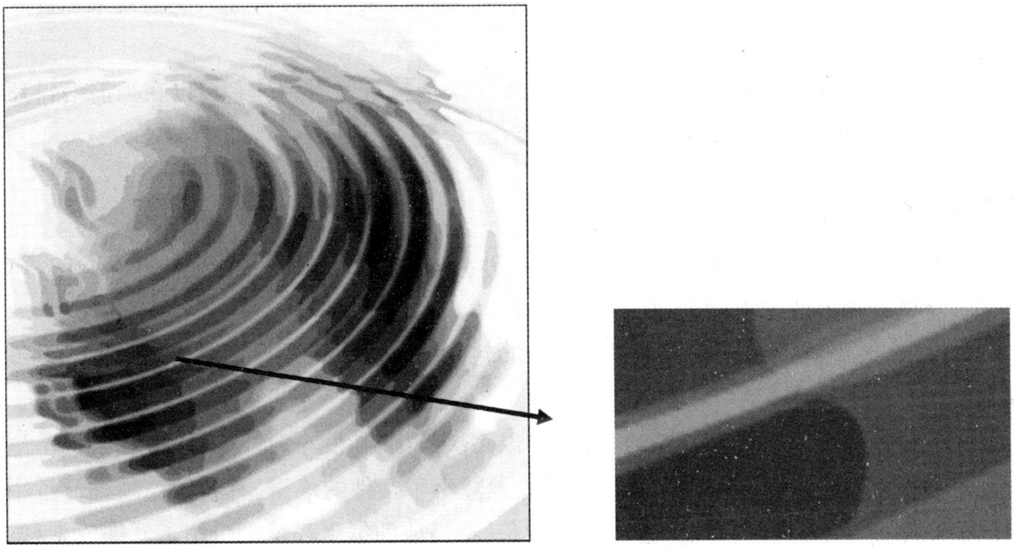

图 2-8　矢量图

比较上面的位图和矢量图，可以看出：经过编辑变化后矢量图的显示精度保持得较好，这完全是由它们不同的显示机理决定的。

Flash CS5 可以同时引入矢量图和位图，但调入 Flash CS5 中的位图都会自动转换成矢量图格式。

§2.5 元件和素材

在动画制作过程中,往往不是单纯对个别对象进行操作,而是要充分利用当前可用的资源。针对这种情况,Flash CS5 采用在编辑和制作过程中使用元件和素材这种方法,可以利用 Flash CS5 自带的或者用自己添加的以及从外部引入的其他素材等,在操作中将图片和素材作为一个整体对象进行编辑操作,这样做的效果使整个操作更加简单易行,并且最大限度地减小了最终动画作品的大小。

§2.5.1 元件

Flash CS5 中可以引用的图片包括位图、矢量图、一段 Flash 动画等,其图片类型主要包括以下三种:

(1)MovieClip。电影片段元件,是个独立的电影片段,可以带交互效果和音频效果。它引入后的播放不受当前编辑环境下的“时间轴”状态的影响。

(2)Button。按钮元件,作用是支持鼠标指向并单击它时的互动操作,目的是在动画中建立程序与操作者之间的互动接口。

(3)Graphic。图形元件,可以是一个矢量图,也可以是一段没有加入交互效果和音频效果的独立动画片段。

一个单独的元件在 Flash CS5 中可以无限多次地被重复引用,它可以在当前编辑环境下的专用库中,也可以在 Flash CS5 的通用库中。

§2.5.2 素材

在 Flash CS5 的库中,不但可以有上面三种类型的元件,还可以有从外部引入的素材,外部素材的使用方法与上面介绍的图片相似。

Flash CS5 中能够引用的素材类型很多,包括音频素材、视频素材、图形素材等各种格式。

元件或素材在一个 Flash CS5 文件中可以多次使用,在发布时,这个元件或素材不论被使用了多少次,只进行一次保存,这样就有效地减小了文件的规模,有利于动画进行最小规模的保存和高效率的数据传输。还要注意的是,在当前的编辑环境下引用了元件或素材,并进行了诸如缩放、移动、变形等编辑后,并不影响原有的元件或素材,也不影响它在其他地方引用的形式,但是如果原有的元件或素材的任何属性发生了变化,那么整个编辑环境中所有对它的引用处都会发生相应的变化。

练习题

1.简述动画的基本原理。

2.元件是指什么？实例是指什么？元件和实例有什么联系和区别？

3.元件分为哪几类？各有什么作用？

4.简述帧、关键帧、空白关键帧的异同。

第 3 章　绘图基础及绘图工具的使用

Flash CS5 具有强大的绘图功能，使用 Flash CS5 中的基本绘图工具可以创建和修改图形,绘制出精美的图形元素或图像。本章主要介绍 Flash CS5 绘图工具的使用方法。这是动画制作中最基本的操作,也是动画处理的基础。

重点难点：

❈掌握绘图工具的使用。

❈掌握对象的基本操作。

❈掌握色彩的编辑。

---

§3.1　线条绘制工具的使用

线条是构成 Flash CS5 的基本形状之一,在 Flash CS5 中可以使用“直线工具”“铅笔工具”“钢笔工具”等进行线条的绘制。

§3.1.1　“直线工具”的使用

“直线工具” 主要是用来绘制直线和斜线,与“铅笔工具”最大的不同是“直线工具”只能绘制不封闭的直线或者斜线。

在“工具”面板中选择“直线工具”,点住鼠标左键,然后在舞台上拖动鼠标,松开鼠标左键就可以画出一条线段,线段的起点和终点就是开始点击鼠标左键和松开鼠标左键的位置。

画好直线后选中该线段,就会出现“属性” 窗口, 在该窗口中可以设置直线的属性, 如图 3-1 所示。

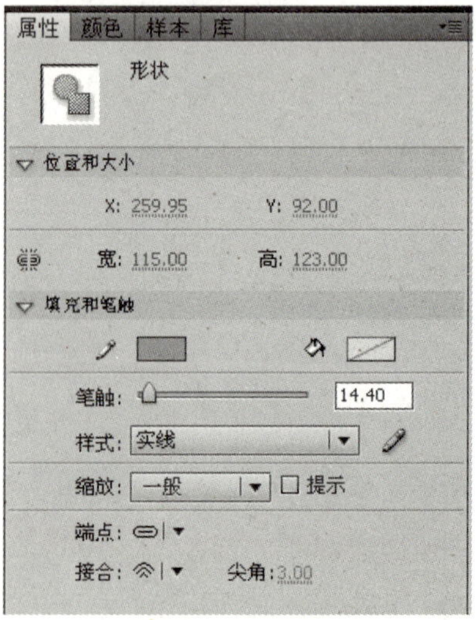

图 3-1　“属性” 窗口

在该面板中可以编辑线条的颜色、笔触的样式和笔触的粗细，笔触的样式可以有实线、虚线等，如图 3-2 所示。

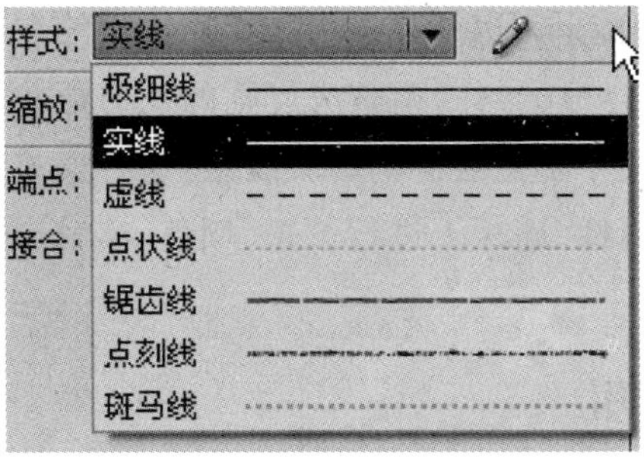

图 3-2　设置直线的属性

笔触的粗细可以直接输入数值，也可以用“端点”选项表示线段端点的样式，有圆角和方形两种，如图 3-3 所示。

图 3-3　端点的样式

“接合”选项是定义两条线段的接合方式，当有两条线段的顶点相交时就需要设置该选项，接合方式有尖角、圆角、斜角三种，其区别如图 3-4 所示。如果不设置该选项两条线段的接合就会显示出两条线段所有的部分，就会显得不自然，如图 3-5 所示。

图 3-4　线段的接合方式

图 3-5　不设置线段的接合方式

★**小窍门**：如果需要画一条水平、垂直或者斜角 45°的直线，可以按住 Shift 键然后进行鼠标的拖拽，即可实现。

§3.1.2　“铅笔工具”的使用

使用“铅笔工具”可以绘制出不封闭的直线、曲线、规则或者不规则的封闭形状，是绘图工具中比较自由的一个工具。

在“工具”面板中选择“铅笔工具”，就可以像使用铅笔一样在舞台上进行画图。当我们选择“铅笔工具”时，在工具栏的下方会出现了两个辅助选项，一个是“对象绘制”，另一个是“铅笔模式”，单击“铅笔模式”会出现三个选项：“伸直”“平滑”和“墨水”。“伸直”主要用于形状的识别，也就是说当我们用铅笔绘制出类似正方形、圆形、直线、曲线等形状时，Flash CS5 就会根据判断调整成规则的几何形状；“平滑”主要是对有锯齿的笔触进行平滑处理，“墨水”用于随意绘制的各种线条，这种模式不对笔触进行任何修改。

同样在“铅笔工具”的“属性”面板上进行位置、颜色、笔触、端点、接合等选项的设置，其设置与“线条工具”类似。

§3.1.3 “钢笔工具”的使用

“钢笔工具”用于手动创建路径，可以用于创建直线、曲线，可以调节直线段的角度和长度，以及曲线的斜率，它是一种比较灵活的形状创建工具。

选择工具面板上的“钢笔工具”，就可以使用“钢笔工具”进行绘制。使用“钢笔工具”绘制直线与“线条工具”不同，只需要单击舞台的任意位置，然后松开鼠标，在单击另一位置就可以确定一条直线，如果继续单击另一个位置，就可以创建相接的直线，如果想结束路径的绘制，可以在按住 Ctrl 键的同时在空白位置单击，就可以结束该段路径的绘制。

使用“钢笔工具”还可以绘制曲线，其方法是：单击一个空白位置，然后松开鼠标左键，在单击另一位置并按住鼠标左键不动，移动鼠标，就可以实现曲线的绘制，如果向不同方向拖动鼠标即可以改变曲线的形状、曲度、方向等，如图 3-6 所示。

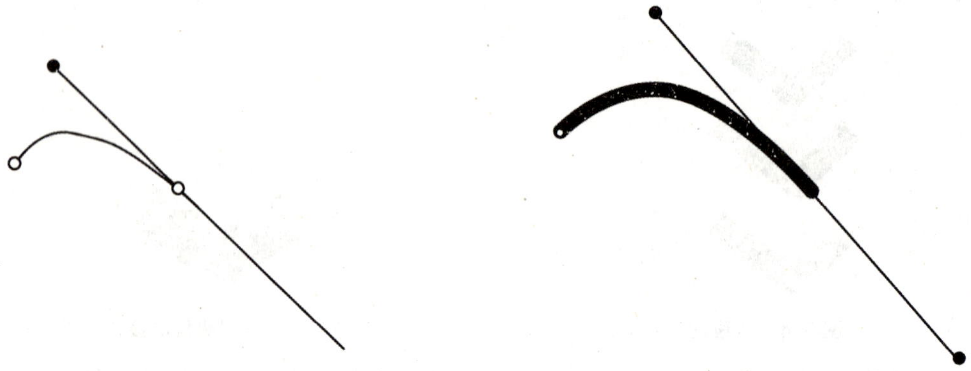

图 3-6 绘制曲线

以同样的方式可以继续绘制接下来的曲线，结束曲线绘制的方式与结束直线绘制是相同的。

当我们绘制出一个闭合的形状路径时，还可以继续使用“钢笔工具”对该路径进行编辑。

(1)删除路径点：将钢笔头指向一个已存在的路径点时，钢笔头就会呈现的形状，这时点击鼠标左键就会删除该锚点，如图 3-7 所示，甲图是点击鼠标前的形状，乙图是点击鼠标后的形状。

甲　　　　乙

图 3-7　删除路径点

(2)添加路径点:将钢笔头移到一条路径上,当鼠标指针变成样式时,点击鼠标即可添加一个锚点。

§3.2　图形绘制工具的使用

图形绘制工具中的一组工具可以用来绘制相对规则的图形，绘制出的图形既包括边线,也包括填充在内部的颜色。

§3.2.1　“椭圆工具”和“基本椭圆工具”的使用

“椭圆工具”和“基本椭圆工具”可用来创建椭圆形、圆形、扇形、饼形和圆环形。它们的图标在图形工具的工具组下,点击“矩形工具组”图标,即会显示出工具组面板,从中就可以看到“椭圆工具”和“基本椭圆工具”选项,如图 3-8 所示。

在选择“椭圆工具”后就可以在椭圆工具的“属性”面板中设置椭圆的属性,可以在此改变椭圆的颜色以及笔触的大小和样式,如图 3-9 所示。

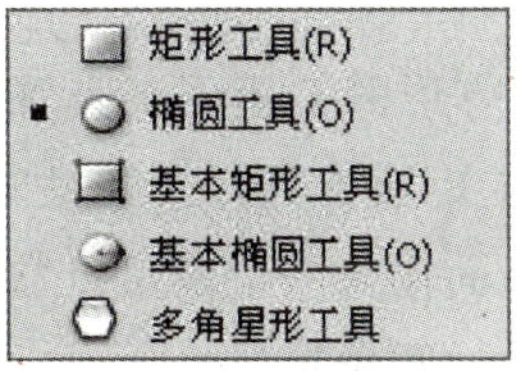

图 3-8　“椭圆工具”的选项

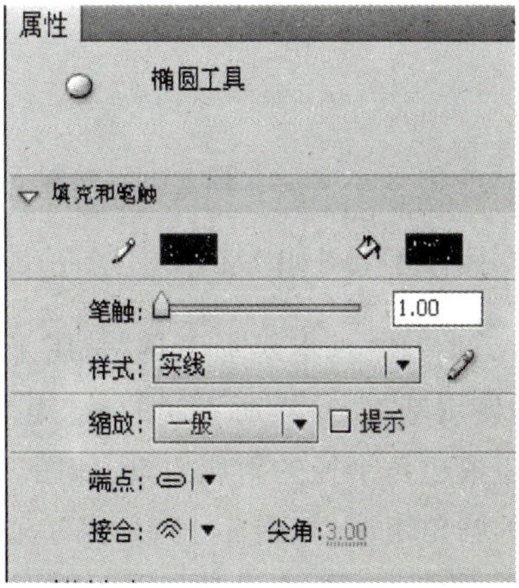

图 3-9　“椭圆工具”的属性

与“椭圆工具”工具不同的是,“基本椭圆工具”的属性面板中多了椭圆选项的控制,在此可以改变椭圆的开始角度、结束角度、内径以及是否闭合,如图 3-10 所示。开始角度和结束角度的改变会将椭圆变成扇形,如果改变内径的大小,椭圆就会变成圆环。如图 3-11 所示。甲图为开始角度为 100,结束角度为 0 的扇形;乙图表示开始角度为 0,结束角度为 70 的扇形;丙图为内径为 55 的椭圆环。

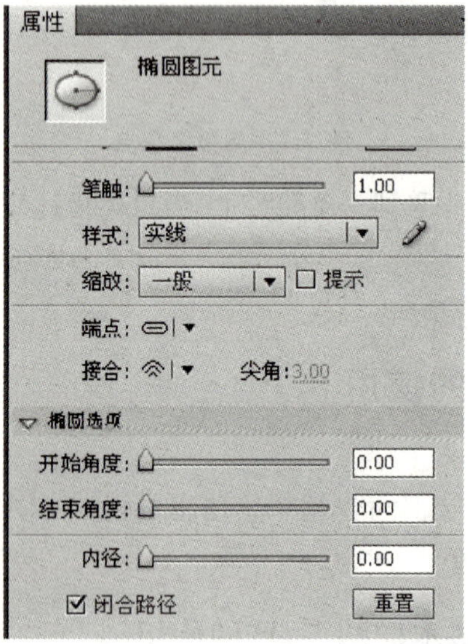

图 3-10　改变“椭圆工具”选项

甲　　乙　　丙

图 3-11　绘制不同角度的扇形或椭圆环

§3.2.2　“矩形工具”和“基本矩形工具”的使用

“矩形工具”和“基本矩形工具”是用来创建矩形和正方形的,“矩形工具”的用法与“椭圆工具”的使用基本一样,所不同的是“矩形工具”和“基本矩形工具”的“属性”面板中包含一个控制矩形边角半径的附属工具,如图 3-12 所示,在里面输入一个像素点数值就可以绘制出相应的圆角矩形,如图 3-13 所示的就是像素点为 15 的圆角矩形。

在矩形选项的下方有个锁链状按钮,点击此按钮可以改变链条的“锁定”与“释放”,当该选项为释放状态时,可以分别改变矩形四个角的圆角角度,如图 3-14 所示。

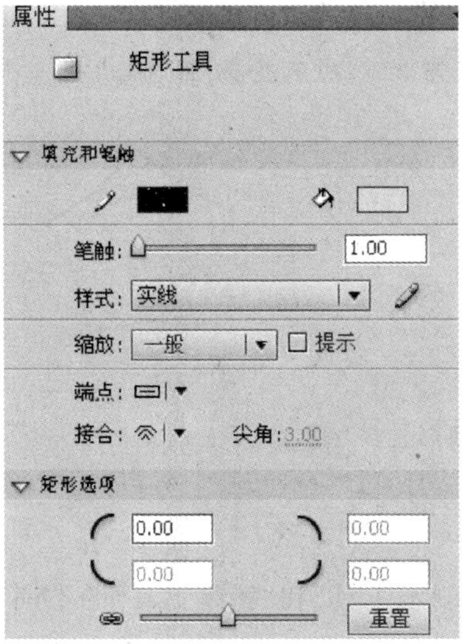

图 3-12　**"矩形工具"的属性**

图 3-13　**绘制的圆角矩形**

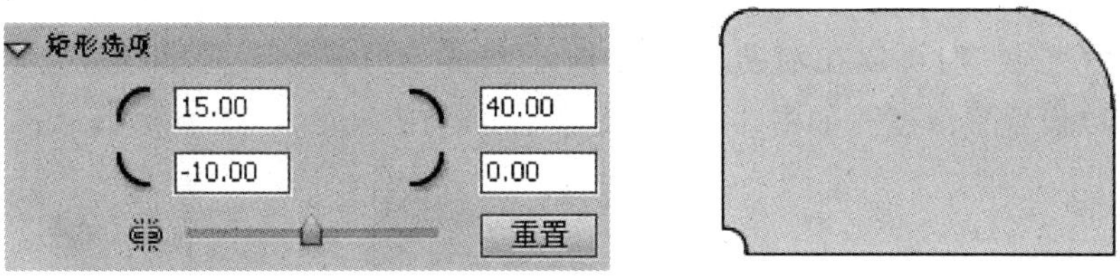

图 3-14　**改变圆角的角度**

★**小窍门**：在使用"矩形工具"和"椭圆工具"时，如果同时按住 Shift 键，就可以绘制出正方形或者正圆形。

§3.2.3　"多角星形工具"的使用

"多角星形工具"也是几何图形绘制工具，用于创建多边形和星形，它的使用方法和上述两个工具基本相似，不同的是在"属性"面板中多了"选项"按钮，点击"选项"按钮就会出现工具设置面板，如图 3-15 所示。

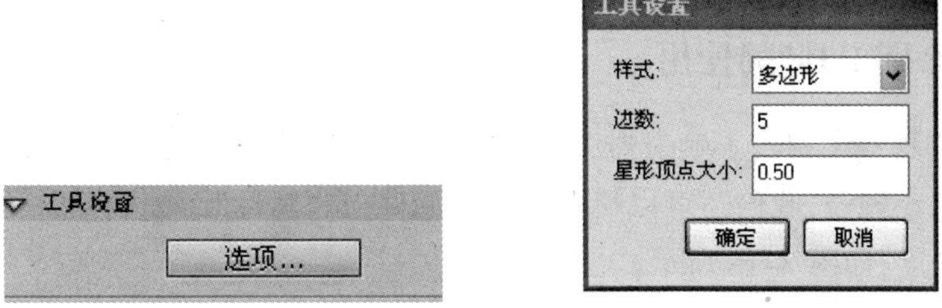

图 3-15　**"多角星形工具"的选项**

"样式"中包含两个选项，"多边形"和"星形"选项分别用于绘制多边形和星形，"边数"选项用来控制多边形和星形的边数和角数，"星形顶点大小" 选项用来控制星形顶点的大小，其数值范围是 0～1。如图 3–16 所示，甲图显示的是边数为 6 的多边形；乙图显示的是边数为 5，顶点大小为 0 的星形；丙图显示的是边数为 5，顶点大小为 1 的星形。

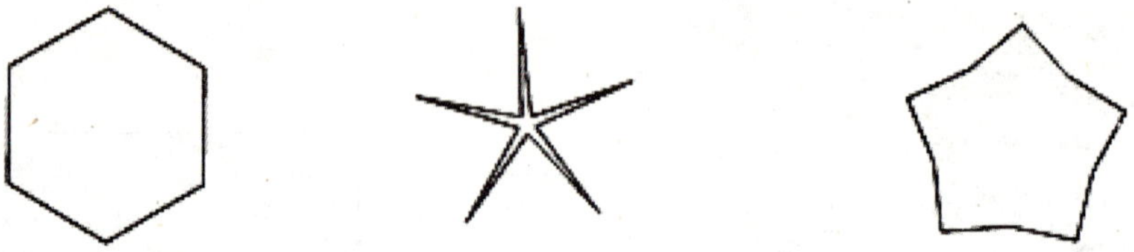

甲　　乙　　丙

图 3–16　不同设置下的星形或多边形

§3.2.4　“刷子工具”的使用

使用“刷子工具”可以模拟水彩笔的笔触，“刷子工具”和“铅笔工具”的不同在于“刷子”刷出来的是填充色，“铅笔”画出来的是笔触色。在“视图”→“预览模式”→“轮廓”可以看出它们的不同点。

使用“刷子工具”时可以在辅助工具栏中设置“刷子”的模式、大小、颜色、形状，在“属性”面板中可以设置平滑度。如图 3–17 所示。

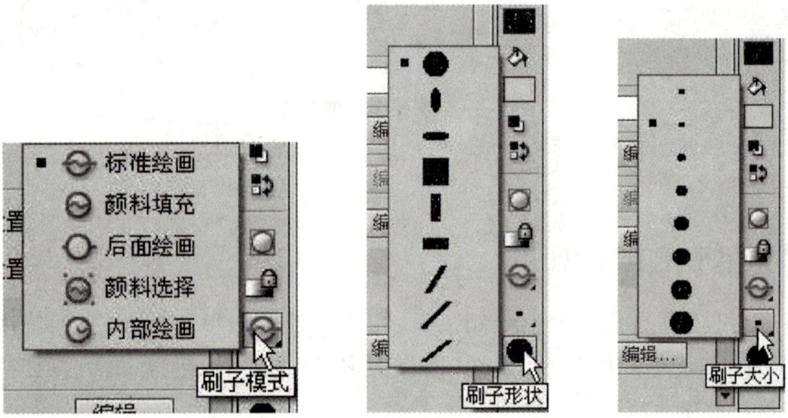

图 3–17　改变“刷子工具”的样式、大小、形状

§3.2.5　“喷涂刷工具”的使用

“喷涂刷工具”相当于喷射器，可以将事先设定好的元件喷射到舞台上，默认状态下，喷射出的是小颗粒，我们还可以喷射绘制的元件，在“属性”面板里可以设置其颜色、形状、大小以及角度，如图 3–18 所示。

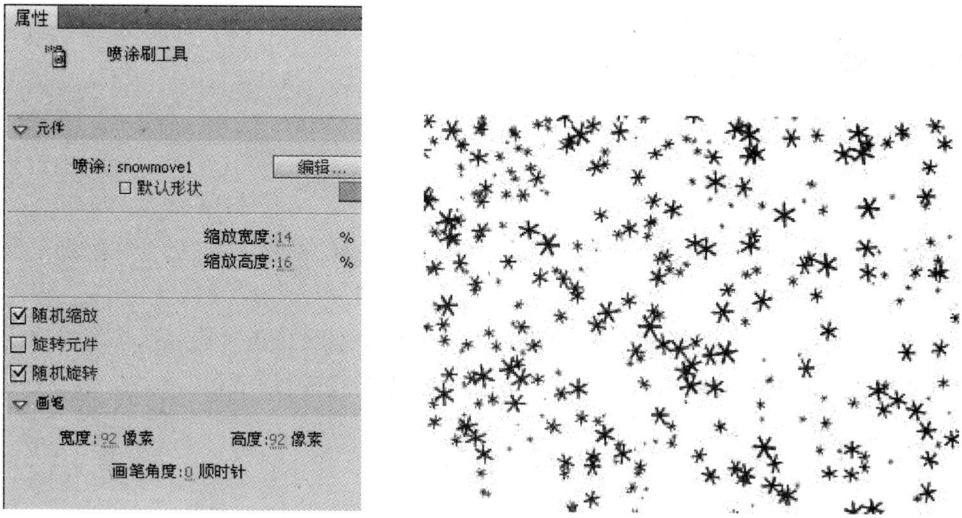

图 3-18　“喷涂刷工具”的属性

§3.2.6　“Deco 工具”的使用

“Deco 工具”又称装饰性绘画工具，它可以将创建的图形形状转换成复杂的几何图案，它的使用极大地丰富了 Flash CS5 的绘画表现力。

选中“Deco 工具”后，在其“属性”面板中可以选择其填充效果，共有“蔓藤式填充”“网格填充”“对称刷子”“3D 刷子”“建筑物刷子”“装饰性刷子”“火焰动画”“火焰刷子”“花刷子”“闪电刷子”“粒子系统”“烟动画”“树刷子”13 种填充效果。在选中每一种效果后，可以在属性面板中设置其相应的选项，然后单击舞台的任一位置，就可以将填充效果遍布整个舞台。如图 3-19 所示的是“蔓藤式填充”“建筑物刷子”和“闪电动画”的效果。

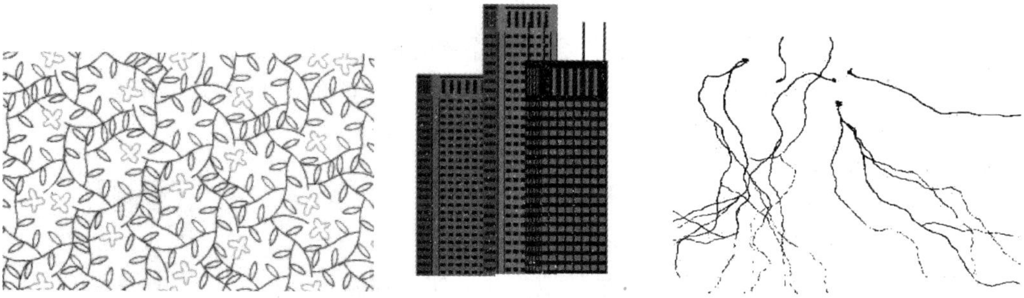

甲　　乙　　丙

图 3-19　“Deco 工具”下“蔓藤式填充”“建筑物刷子”“闪电动画”的效果

§3.3 “橡皮工具”的使用

§3.3.1 “橡皮擦模式”

“橡皮工具”主要是用来擦除舞台上对象的工具，选择“橡皮工具”后会在辅助工具栏上出现三个选项：“橡皮擦模式”“水龙头”和“橡皮擦形状”。

点击“橡皮擦模式”可出现“标准擦除”“擦除填色”“擦除线条”“擦除所选填充”“内部擦除”五种模式，如图 3–20 所示。下面就对这五种擦除模式进行介绍。

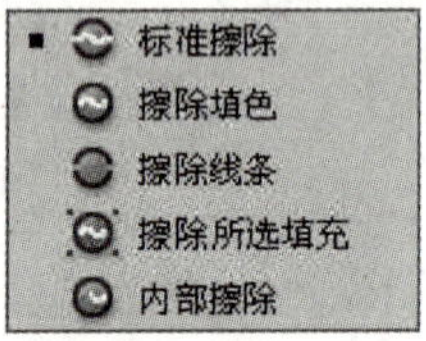

图 3–20 “橡皮擦模式”的选项

(1)“标准擦除”：这是默认状态下的擦除模式，可以擦除同一层上的矢量图形、线条、打散的位图和文字。

(2)“擦除填色”：在此模式下，用鼠标擦除图形时，只能够擦除填充的色块和打散的文字、位图，而不会擦除矢量线条。

(3)“擦除线条”：此模式与擦除填色模式相反，只能够擦除矢量线条和打散的文字、位图，而不会擦除填充的色块。

(4)“擦除所选填充”：在这种模式下，会擦除被选中的色块和打散的文字，但不会擦除矢量线条。所以在使用这种模式前，必须要先选中一个区域，如果不选择区域，将什么都不会擦除。

(5)“内部擦除”：使用这一模式时，会擦除连续的色块，如果碰到矢量线条或者色块的颜色改变时，就会停止擦除动作。但是如果填充色本身就是渐变色，擦除就不会停止。

§3.3.2 “水龙头模式”

“水龙头模式”与“橡皮擦模式”不同的是：“橡皮擦模式”只能实现局部擦除，就是鼠标移过的地方才会实现擦除；而“水龙头模式”下，只要点击线条或者填充色块的某处，就可以删除整条线条或者整块连续的区域。

§3.3.3 “橡皮擦形状”

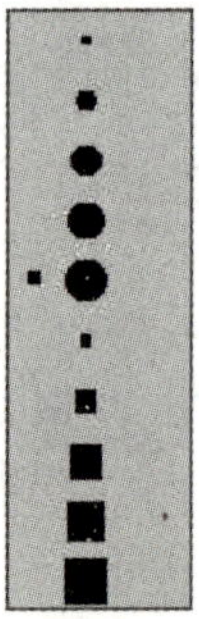

图 3–21 “橡皮擦形状”的选项

橡皮擦的形状与大小都可以在辅助工具栏中进行选择，

如图 3–21 所示。

§3.4　3D 工具的使用

在 Flash CS5 中，提供了两种 3D 工具："3D 平移工具"和"3D 旋转工具"，借助这两种工具可以在舞台中模拟 3D 空间，并在此 3D 空间内移动和旋转影片剪辑，从而实现 3D 效果。

"3D 平移工具" 可以实现对象在 *X* 轴、*Y* 轴和 *Z* 轴方向上的移动；"3D 旋转工具" 可以实现对象在 3D 空间中的旋转。如图 3–22 所示，乙图中的对象就是将甲图中的对象经过 3D 旋转后得到的。

甲　　　　乙

图 3–22　使用 3D"旋转工具"的效果图

需要注意的是，使用 3D 工具的前提是，只能对影片剪辑进行 3D 平移和 3D 旋转操作，而对于其他的对象，如图形元件、按钮元件以及位图则不能实现 3D 效果的转换。

§3.5　填充工具的使用

颜色填充工具是用来进行图形颜色填充的一组工具。

§3.5.1　"墨水瓶工具"的使用

"墨水瓶工具"主要是对轮廓进行填充，需要注意的是，使用这个工具只能填充纯色，而不能填充渐变色和位图，并且它可以同时对多个对象一次性进行笔触填充。

点击"工具栏"中"墨水瓶工具"的图标，然后在"属性"面板中选择笔触的颜色以及笔触的大小、样式，然后将鼠标移到需要进行笔触填充的填充区域，这时鼠标会变成图标时，点击需要进行填充的区域，就可以改变色块的笔触。

需要注意的是，"墨水瓶工具"不能对没有打散的文字、位图进行笔触填充。

§3.5.2 “颜料桶工具”的使用

“颜料桶工具”用于线性填充，改变对象已有颜色的填充。与“墨水瓶工具”不同，“颜料桶工具”的填充颜色既可以是纯色、渐变色，也可以是位图。

点击“工具栏”中“颜料桶工具”的图标，然后在“属性”面板中选择填充颜色，然后将鼠标移到需要进行颜色填充的填充区域，这时鼠标会变成图标时，点击需要进行填充的区域，就可以改变色块的填充颜色。

在选择“颜料桶工具”后，在辅助工具栏上会出现两个辅助选项：“空隙大小”和“锁定填充”，下面将介绍这两个选项的使用。

1.空隙大小

“空隙大小”选项中有四个选项：“不封闭空隙”“封闭小空隙”“封闭中等空隙”和“封闭大空隙”。如图 3-23 所示。“不封闭空隙选项”是指封闭的空间不允许有空隙，只填充封闭区域；“封闭小空隙”是指封闭的区域允许有小空隙；“封闭中等空隙”是指封闭的区域允许有中等的空隙；“封闭大空隙”是指封闭的区域允许有比较大的空隙。

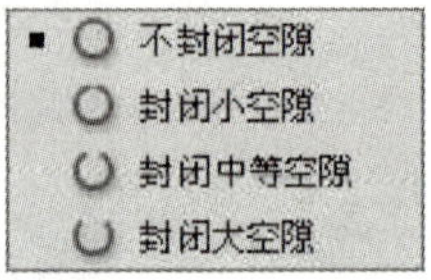

图 3-23 “空隙大小”选项

需要注意的是，这里的大空隙也不是很大的空隙，只是相对小空隙和中等空隙比较大一点。

2.锁定填充

“锁定填充”选项用于控制渐变色的填充方式，当打开此功能时，所有使用渐变的填充看上去就像舞台上整个大型渐变形状的一个部分，当关闭此功能时，每个填充都是单独存在的，如图 3-24 所示，甲图显示的是未进行锁定时的填充效果，乙图显示的是锁定后的填充效果。

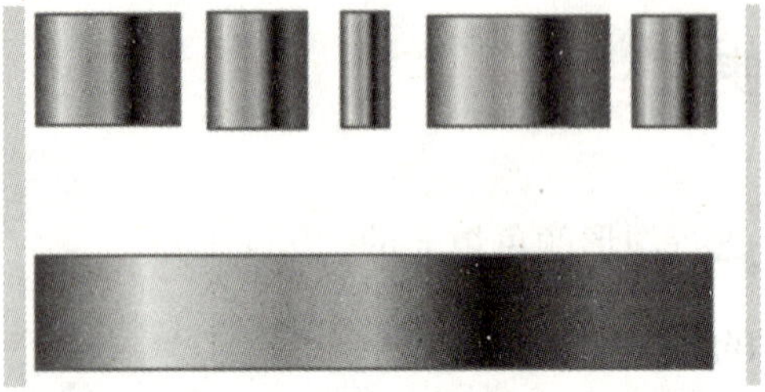

甲

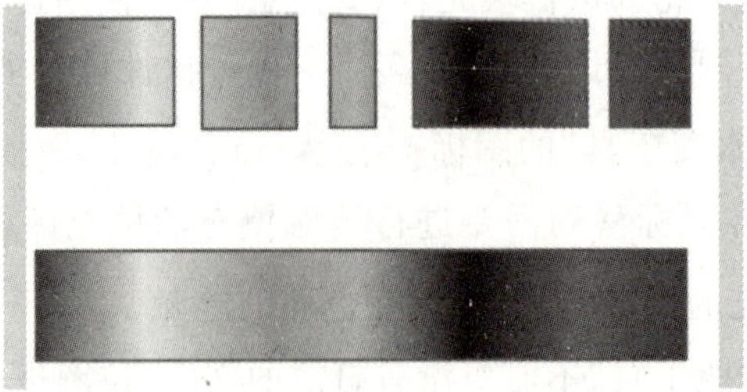

乙

图 3-24 锁定填充选中与否的填充效果

★**小窍门**：如果碰到特别大的空隙无法进行填充时，可以使用放大镜工具将舞台缩小，这样空隙看起来会比较小，就可以进行填充了。

§3.5.3 "滴管工具"的使用

使用"滴管工具"可以对舞台上的笔触或者填充进行采样，然后将采样到的模式用于其他对象上。

使用"滴管工具"对笔触进行采样时，鼠标会从采样前的图标样式自动变为图标的墨水瓶样式，这样就可以直接对其他对象的笔触进行填充；使用"滴管工具"对填充进行采样时，鼠标会从采样前的图标样式自动变为图标的颜料桶样式，这样就可以直接对其他对象的填充色进行填充。

需要注意的是，对于元件进行采样时，如果该元件已经被打散，那么"滴管工具"采集到的填充色是整张元件图像；如果该元件未被打散，那么"滴管工具"采集到的是鼠标点击处的颜色。

§3.5.4 "渐变变形工具"的使用

"渐变变形工具"主要是对填充的渐变颜色进行各种方式的变形处理。

首先单击工具栏中的"渐变变形工具"，然后选择需要进行变形处理的图像对象，鼠标的右下角就会出现具有梯形渐变填充的图标，被选择图形的四周就会穿线填充变形调整手柄，如图 3–25 所示。

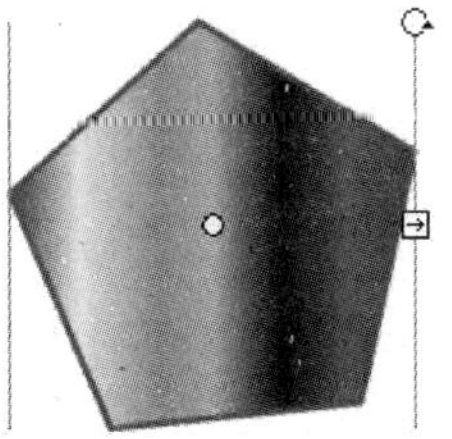

图 3–25　使用"渐变变形工具"选中图形

通过调整手柄就可以对选择的对象进行填充色的变形处理。如图 3–26 所示，甲图中鼠标指针所在的按钮会调整渐变的方向；乙图中鼠标指针所在的按钮会改变渐变的大小；丙图中鼠标指针所在的按钮会调整渐变的位置。

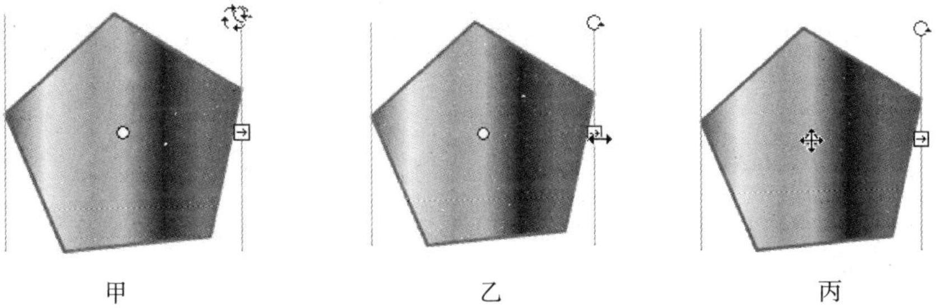

图 3–26　"渐变变形工具"的不同调整手柄

★**小窍门**：如果想要设置透明的渐变填充，那么只需要在“颜色面板”中选择“径向渐变”和“横向渐变”后，通过调节颜色中的 Alpha 值就可以达到透明的目的。当 Alpha 值为 0 时就是完全透明，当 Alpha 值为 100 时就是完全不透明，如图 3–27 所示。

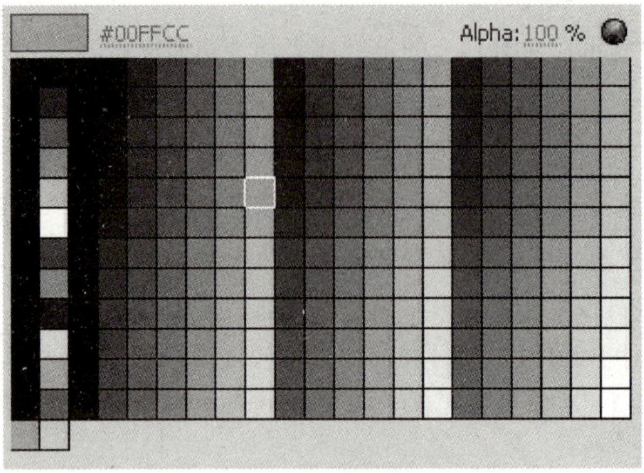

图3–27　颜色面板

§3.6　辅助工具的使用

辅助工具是用来对图形进行辅助处理的一组工具。

§3.6.1　“手形工具”的使用

“手形工具”的使用比较简单，就是使用该工具可以抓住舞台向各个方向移动，以方便用户看到舞台的各个位置。使用时只需要选中“手形工具”，这时鼠标会变成图标的样式，然后在舞台的任意位置按住鼠标左键不松，然后拖动舞台就可以了。

§3.6.2　“放大镜工具”的使用

“放大镜工具”就是对舞台进行放大和缩小的工具，放大可以对某些对象进行精确操作，缩小可以看到整个舞台的全景。“放大”和“缩小”的选项都在辅助工具栏中，可以根据需要进行切换。

★**小窍门**：在使用“放大”或“缩小”选项时，如果按住键盘的 Alt 键就会切换到其相反的方式。

§3.6.3　“变形处理工具”的使用

在 Flash CS5 中可以使用两种工具进行变形处理：一种是通过“选择工具”，另一种是通过“变形工具”。

1. “选择工具”

使用“选择工具”对对象进行变形时，主要是对矢量图外形的弧度进行变形，在操作时不需要选定需要变形的对象，只需要将鼠标移至需要变形对象的边缘，这时鼠标会变成图标或者图标。图标表示可以将该条矢量线调整到合适的弧度，如图 3–28 所示；图标表示可以将该顶点的位置进行修改，如图 3–29 所示。

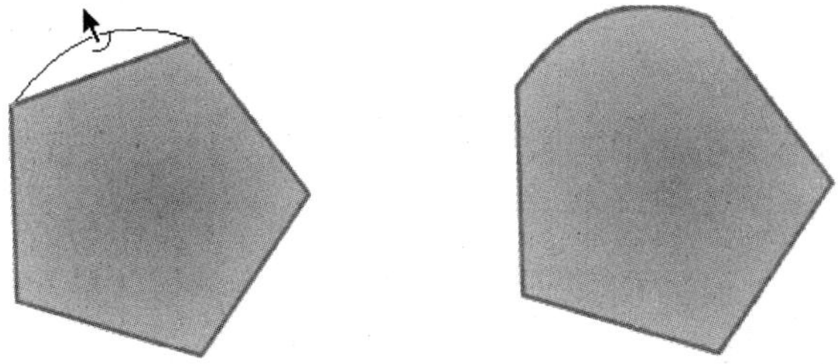

图 3–28　使用“选择工具”改变线条的形状

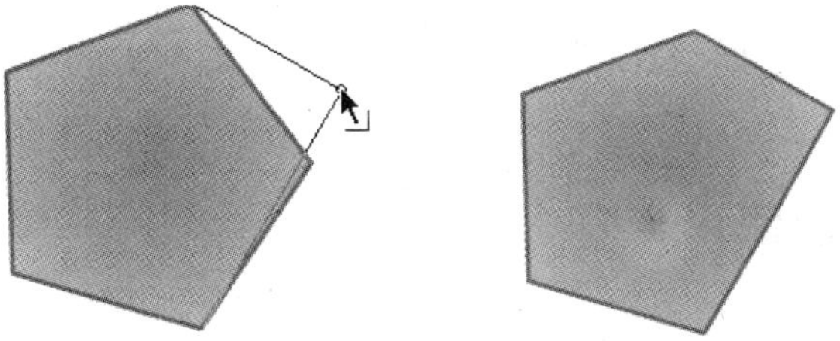

图 3–29　使用“选择工具”改变顶点的位置

需要注意的是，使用“选择工具”对对象进行变形时，不能选定该对象，如果选定了该对象，则不能进行这类变化。

另外当选择“选择工具”时，辅助工具栏中还会出现两个辅助选项：“平滑”和“伸直”。这两个选项用于选定某条矢量线时，对该条线进行平滑或者伸直的处理。

2. “变形工具”

选择“变形工具”对图像进行变化时，主要是对对象进行围绕圆心的旋转、倾斜和变形，进行变形前必须要选中需要变形的对象。这时鼠标会变成图标的形状，需要变形的对象上也会出现 9 个控制点，如图 3–30 所示。

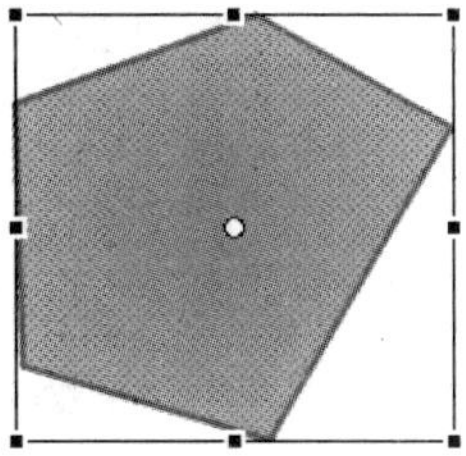

图 3–30　使用“变形工具”选中图形

鼠标移到不同的控制点会出现不同的变化，主要为以下几种情况：

(1)当鼠标移动到四个顶点上时，鼠标会变成图标或者图标，这时候拖动鼠标可以完成该对象的任意大小变化。

(2)当鼠标移动到四个顶点边缘时会变成图标↶,这时候拖动鼠标可以完成该对象的任意旋转。

(3)当鼠标移动到上下边线的中间控制点上时,鼠标会变成图标↕,这时拖动鼠标会完成该对象的高度的任意变化。

(4)当鼠标移动到左右边线的中间控制点上时,鼠标会变成图标↔,这时拖动鼠标会完成该对象的宽度的任意变化。

(5)当鼠标移动到上下边线的中间控制点边缘时,鼠标会变成图标⇋,这时拖动鼠标会完成该对象的左右倾斜。

(6)当鼠标移动到左右边线的中间控制点边缘时,鼠标会变成图标⇅,这时拖动鼠标会完成该对象的上下任意变化。

(7)当鼠标放置对象内部时,鼠标会变成图标↖✥,这时可以移动该对象至任意位置。

(8)当鼠标放置到圆心时,鼠标会变成图标↖。,这时可以移动旋转中心点的位置。

§3.7　色彩面板的使用

合理使用各种颜色是动画着色的必要技巧，色彩面板掌管着 Flash CS5 中所有色彩的编辑,灵活且熟练地使用它们会为我们的动画增色不少。

颜色面板在舞台的右侧,有两个选项卡“颜色”和“样本”,如图 3–31 所示,甲图为“颜色”选项卡,在这里可以选择颜色的样式,分别为“纯色”“径向渐变”“线性渐变”“位图填充”。在“径向渐变”和“线性渐变”下方的色条可以改变渐变色起止的颜色,并且可以决定渐变色的颜色数量。“流”决定了渐变的方向,位图填充可以导入 Flash CS5 外部的图片作为填充的颜色,乙图“样本”选项卡提供了标准的 237 种颜色。

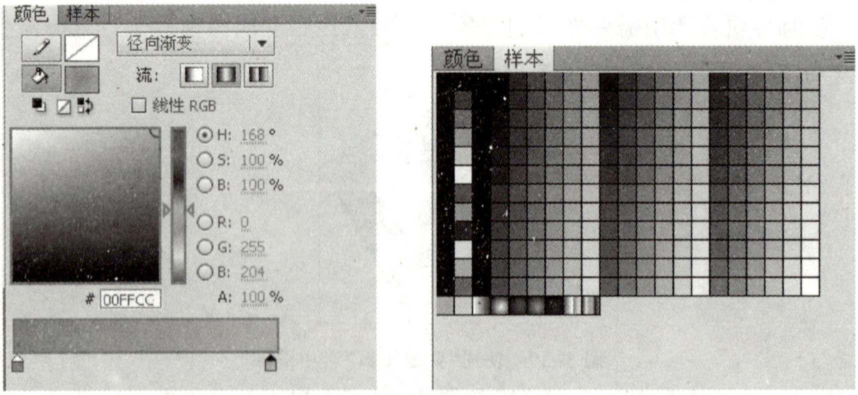

甲　　　　　　　　　　乙

图 3–31　“颜色”面板和“样本”面板

§3.8　综合实例 1——可爱的大象的制作

这个实例主要是让大家熟悉如何使用“钢笔工具”“选择工具”和“部分选择工具”绘制一个图片，并使用“颜料桶工具”为其着色。制作后的效果如图 3-32 所示。

图 3-32　大象的制作效果

大象的制作步骤如下：

(1)新建一个 Flash CS5 文档。

(2)选择“文件”菜单下的“保存”命令，在弹出的对话框中输入文件名“可爱的大象”，并选择保存的路径，单击“保存”按钮。

(3)选择“工具”面板中的“钢笔工具”，然后在舞台上绘制一个耳朵的基本形状，如图 3-33 所示。

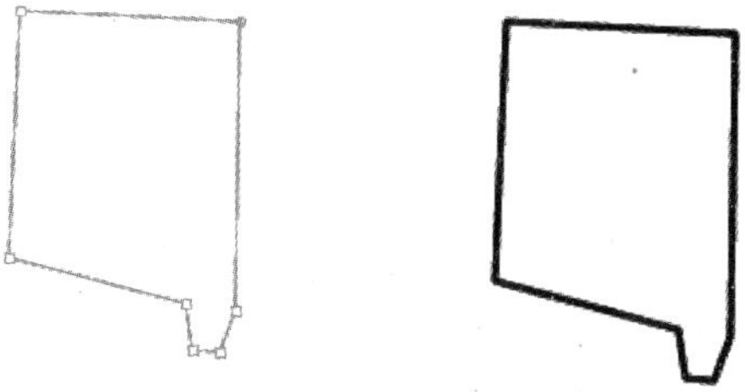

图 3-33　左耳朵的基本形状

(4)选择“工具” 面板上的“选择工具”和“部分选择工具”，调节大象耳朵的形状，如图 3-34 所示。

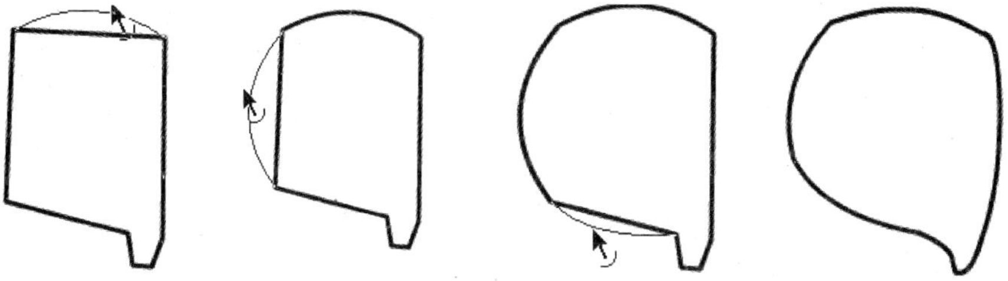

图 3-34　调整耳朵的形状

(5)选中绘制好的图形，打开其“属性”面板，设置其笔触色为黑色，笔触的粗细为“3”，如图 3–35 所示。

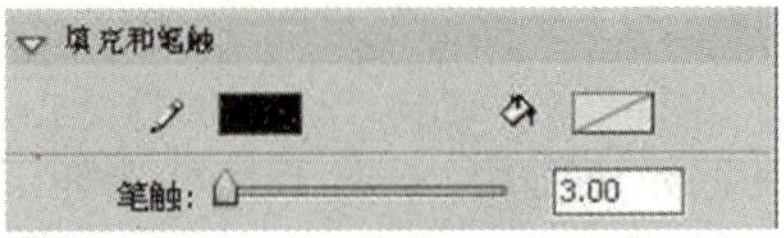

图 3–35　设置笔触颜色和粗细

(6)使用“颜料桶工具”，并在“颜色”面板中选择灰色，对绘制的耳朵形状进行填充，如图 3–36 所示。

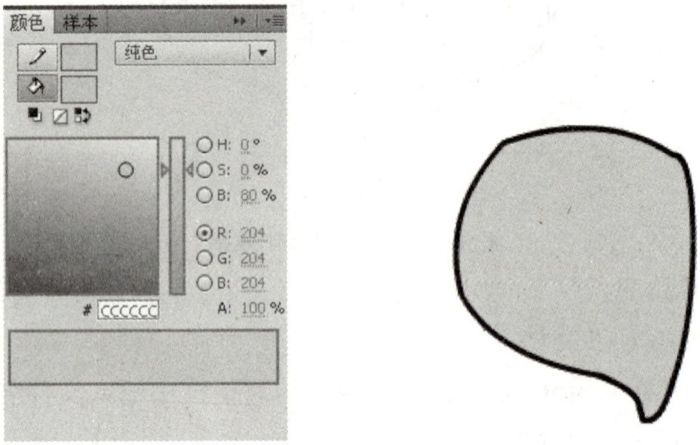

图 3–36　为耳朵填充颜色

(7)使用同样的方法，画出右耳朵的形状。也可以复制左耳朵的形状，然后使用“任意变形工具”将其进行翻转，如图 3–37 所示。

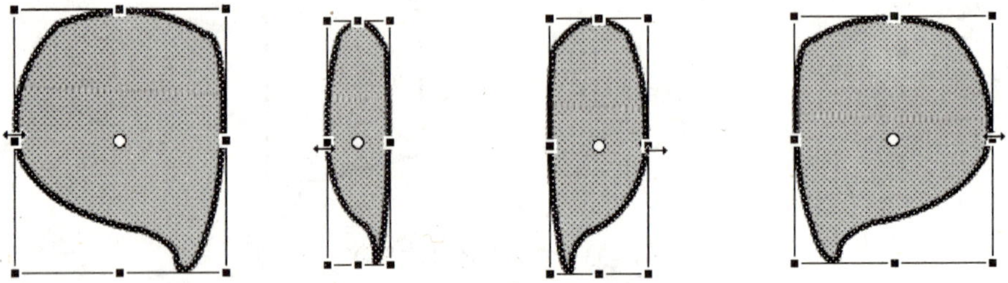

图 3–37　复制出右耳朵

(8)在耳朵的编辑区，使用“钢笔工具”绘制细节部分，如图 3–38 所示。

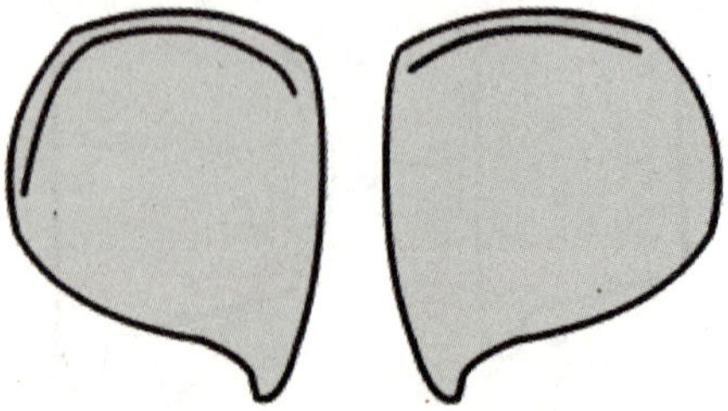

图 3–38　耳朵的最终形状

(9)与上面步骤类似,使用“钢笔工具”“选择工具”“部分选择工具”以及“颜料桶工具”分别在新建的图层2和图层3上绘制出如图3-39所示的脸和鼻子。

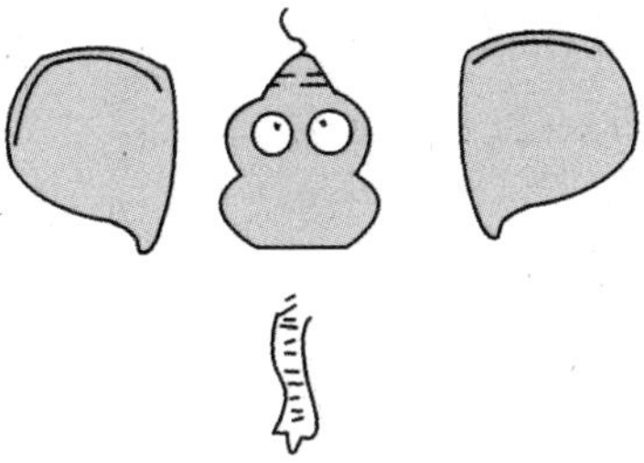

图3-39　大象的各个部位

(10)然后使用“选择工具”将各个补间移动到一起,然后对鼻子进行填充灰色,这里需要注意的是,为鼻子填充颜色的时候,需要为其设置“空隙大小”为“填充大空袭”,如图3-40所示。

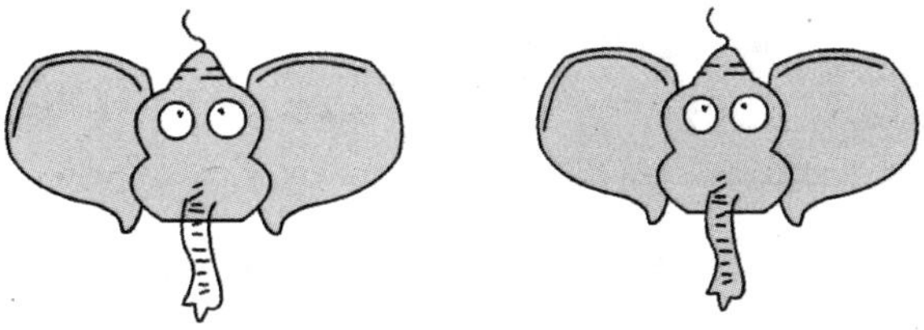

图3-40　拼合并填充颜色

(11)使用“文件”菜单下的“发布预览” →“flash”命令就可以看到该动画的动画效果。

§3.9　综合实例2——皓月当空的制作

这个实例主要是让大家熟悉如何使用“颜料桶工具”、“颜色面板”和“渐变变形工具”为图片添加漂亮的颜色。制作后的效果如图3-41所示。

图3-41　皓月当空的制作效果

皓月当空的制作步骤如下：

(1)新建一个 Flash CS5 文档。

(2)选择“文件”菜单下的“保存”命令，在弹出的对话框中输入文件名“皓月当空”，并选择保存的路径，单击“保存”按钮。

(3)使用“矩形工具”绘制一个与舞台等大的矩形，如图 3-42 所示，然后在“属性”面板中精确地调整其位置和大小。

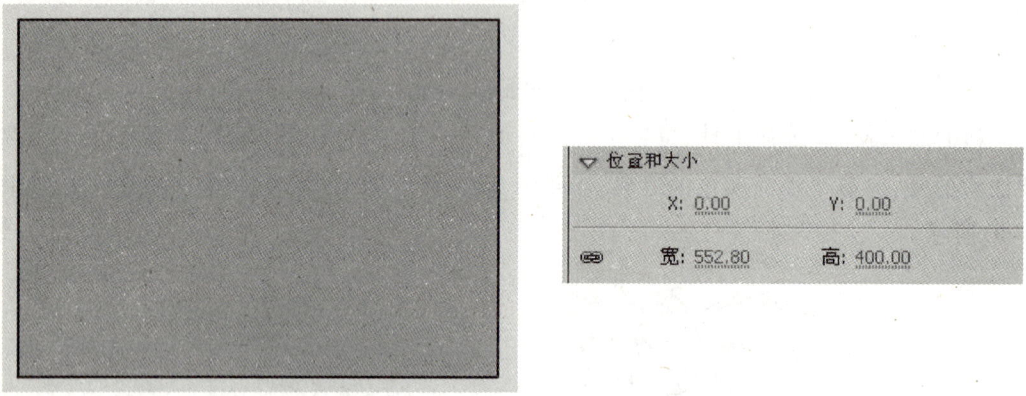

图 3-42　绘制与舞台等大的矩形并调整其位置

(4)在“属性”面板中，将其笔触颜色设置为“无”，“填充颜色”设置为“径向渐变”，颜色在“颜色”面板中设置，如图 3-43 所示。

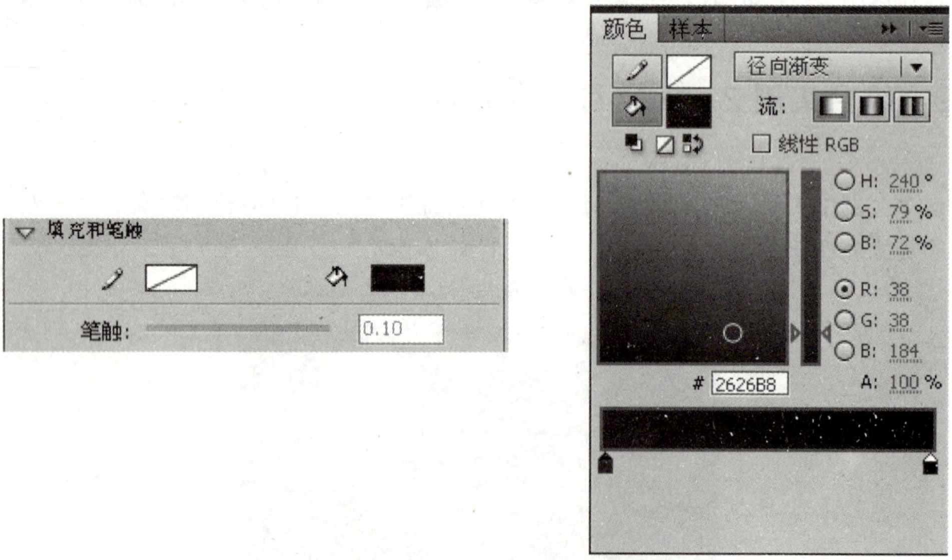

图 3-43　设置矩形的填充色和笔触

(5)使用“渐变变形工具”来调整颜色填充的位置和大小，如图 3-44 所示，其中甲、乙、丙图分别显示了调整的步骤，丁图显示了调整后的最终结果。

甲

乙

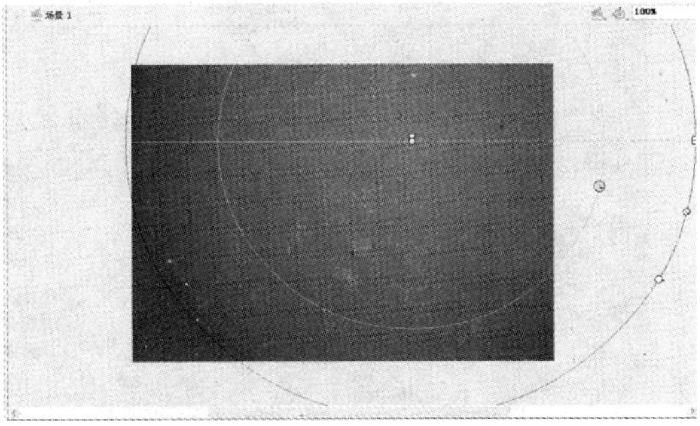

丙

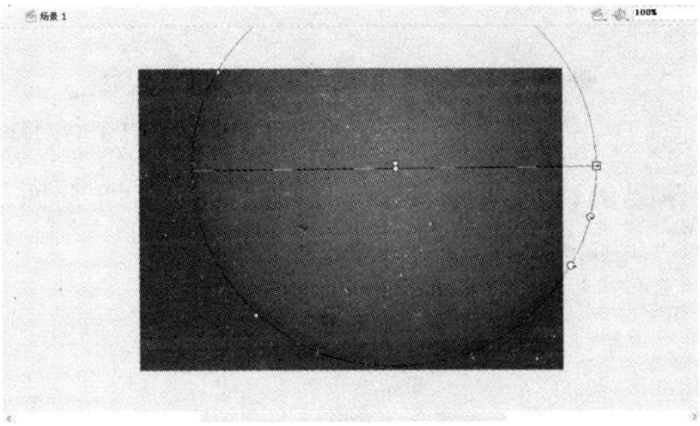

丁

图 3-44 调整颜色填充的位置和大小

(6)新建一个图层,命名为“月亮”。使用“椭圆工具”在舞台上绘制一个圆形,并和上述步骤一样,为其设置渐变填充色,如图 3-45 所示。

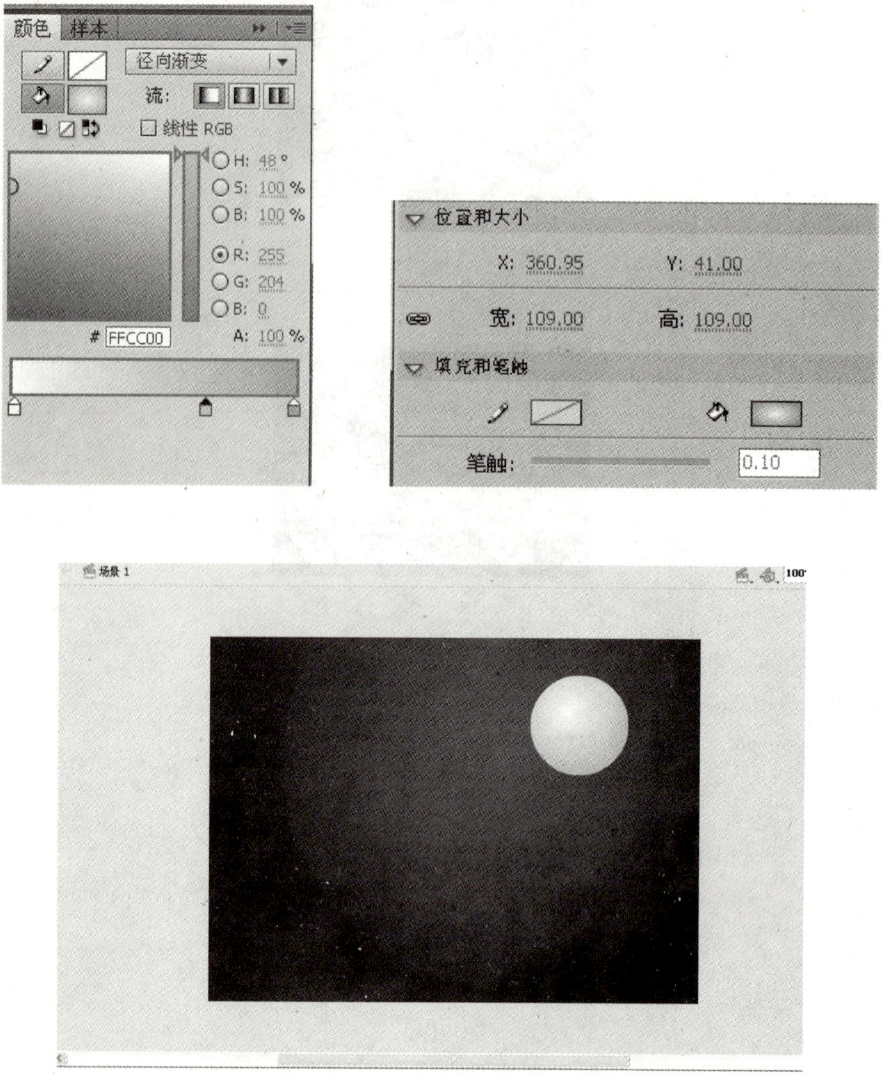

图 3-45　绘制“月亮”并为其填充颜色

(7)新建一个图层,将其命名为“光晕”,并在“光晕”图层上用“椭圆工具”绘制一个圆形,和“月亮”图形呈同心圆,且比“月亮”图形微大,并为其填充如图 3-46 所示的“径向渐变”颜色,这里“径向渐变”末尾颜色的透明度为“0%”。

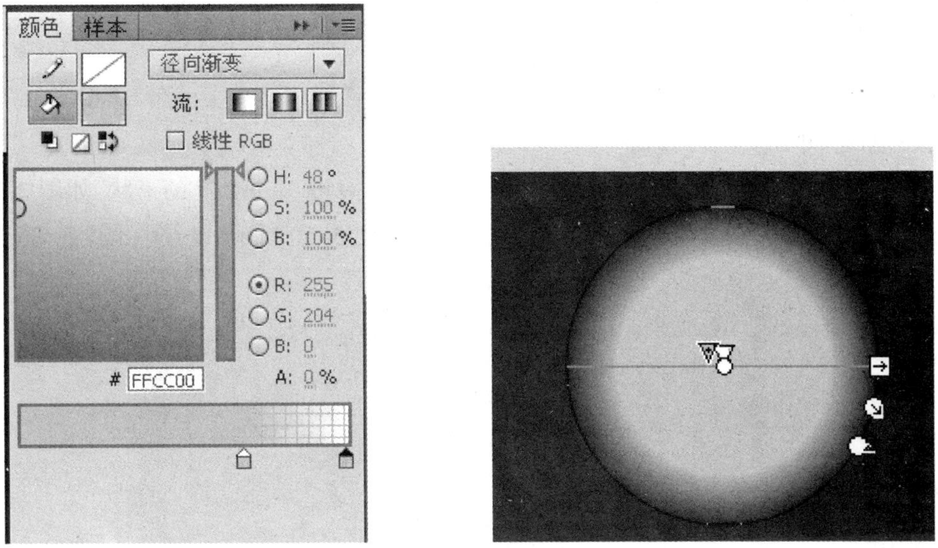

图 3-46　“光晕”的颜色

(8)将“光晕”图层移动到“月亮”图层的下方,如图 3-47 所示。

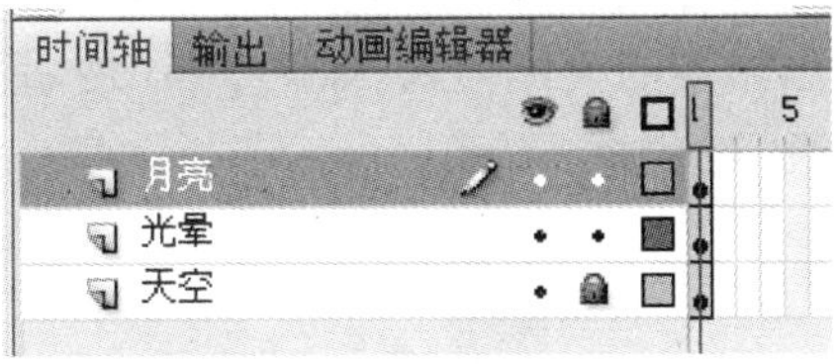

图 3-47　图层的顺序

(9)使用“文件”菜单下的“发布预览” →“flash”命令就可以看到该动画的动画效果。

§3.10　综合实例 3——彩带飘飘的制作

这个实例主要是让大家熟悉如何使用“刷子工具”,制作后的效果如图 3-48 所示。

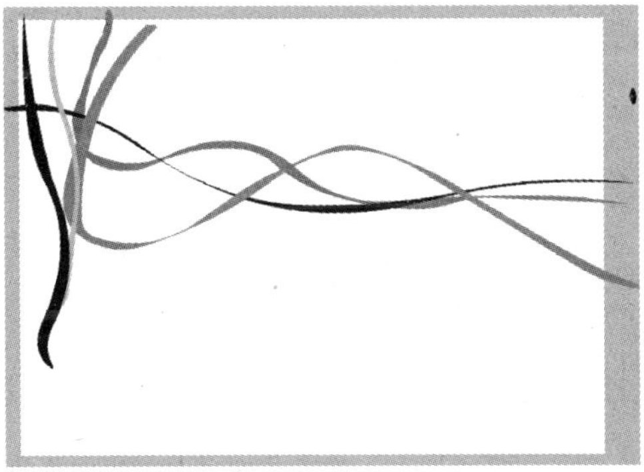

图 3-48　彩带飘飘的制作效果

彩带飘飘的制作步骤如下：

(1)新建一个 Flash CS5 文档。

(2)选择“文件”菜单下的“保存”命令，在弹出的对话框中输入文件名“彩带飘飘”，并选择保存的路径，单击“保存”按钮。

(3)使用工具栏上的“刷子工具”，在其附属工具中选择“刷子”的形状，如图 3-49 所示；在“属性”面板中，设置“刷子”的颜色和平滑度，如图 3-50 所示，设置平滑度为 85 以上。

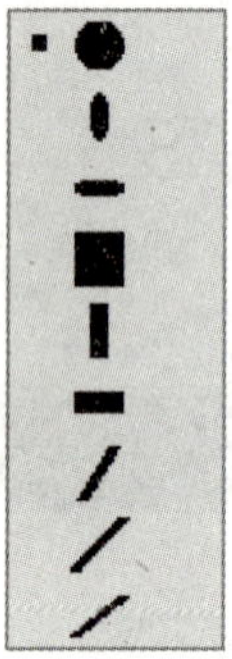

图 3-49 “刷子”的形状选项

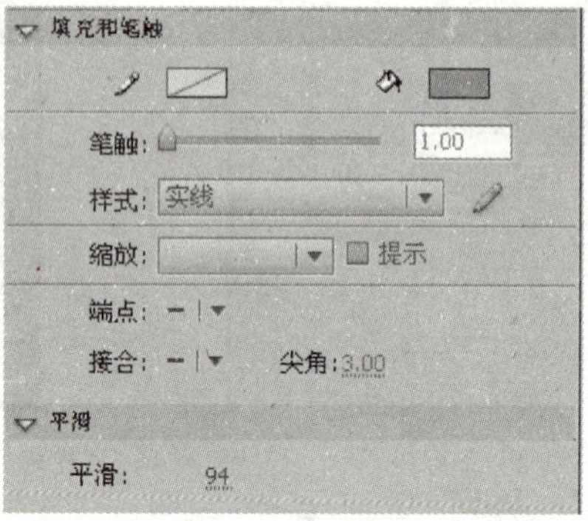

图 3-50 “刷子工具”的“属性”面板

(4)在舞台上快速地画出丝带的大体形状，如图 3-51 所示。

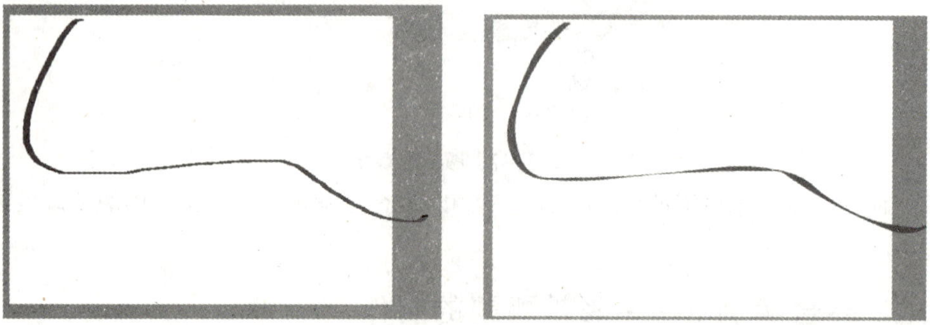

松开鼠标前的效果　　松开鼠标后的效果

图 3-51 快速地画出丝带的效果

(5)改变“刷子”的形状、大小、颜色和平滑度就可以画出其他的丝带效果。

(6)使用“文件”菜单下的“发布预览”→“flash”命令就可以看到该动画的动画效果。

§3.11 综合实例 4——动画背景的制作

这个实例主要是让大家熟悉“矩形工具”“椭圆工具”“铅笔工具”“添加锚点工具”“颜色工具”等工具以及图形元件、图层的使用，制作后的效果如图 3-52 所示。

图 3-52　动画背景的制作效果

动画背景的制作步骤如下：

(1)新建一个 Flash CS5 文档。

(2)选择“文件”菜单下的“保存”命令，在弹出的对话框中输入文件名“动画背景”，并选择保存的路径，单击“保存”按钮。

(3)修改该图层名为“天空”，单击工具栏上的“矩形工具”，在舞台上绘制一个和舞台等大的矩形，并在“颜色面板”为其设置边线为“无”、填充为“渐变色”作为天空，如图 3-53 所示。

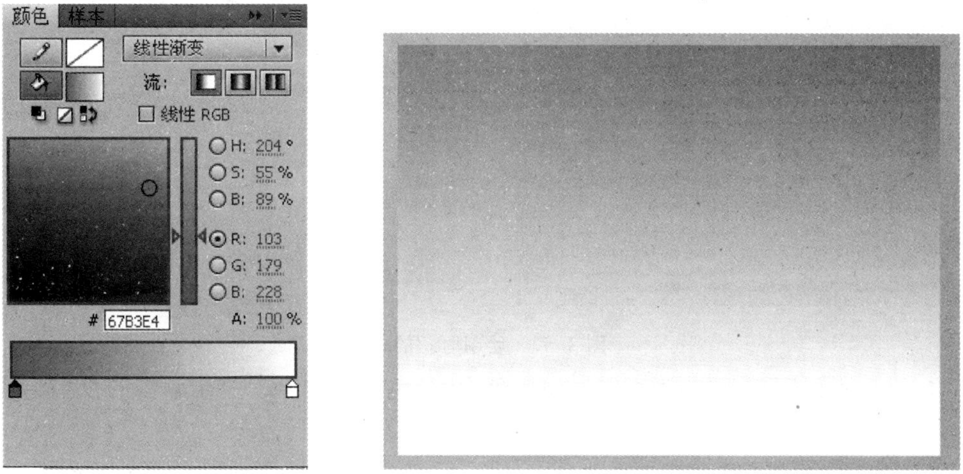

图 3-53　“天空”的绘制

(4)新建一个图层，命名为“白云”。使用“椭圆工具”在舞台的偏上位置绘制多个叠加的椭圆，如图 3-54 所示；然后将其颜色设置为“白色”，并删除多余的边线，即可得到白云的效果，如图 3-55 所示。

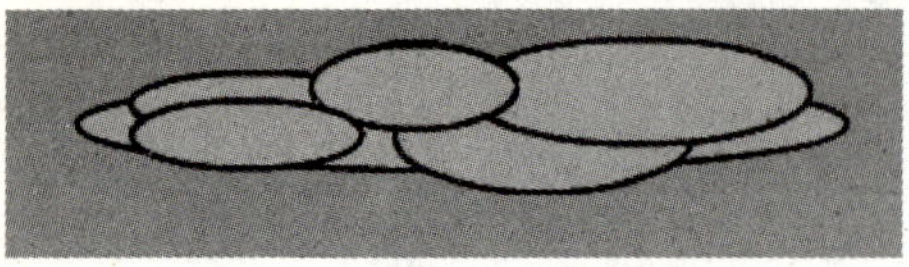

图 3-54　多个椭圆的绘制

图 3-55　“白云”的效果

★**小窍门**：绘制完“蓝天”图层后，将其锁定，可以避免修改其他图层时对“天空”图层进行修改。

(5)用与步骤(4)同样的方法绘制出其他两片“白云”，其效果如图 3-56 所示。

图 3-56　“白云”图层的最终效果

(6)新建一个图层，命名为“山”。选择“铅笔工具”，在舞台的中间绘制山的样式，并使用“添加锚点工具”和“选择工具”对山的形状进行修改，如图 3-57 所示。

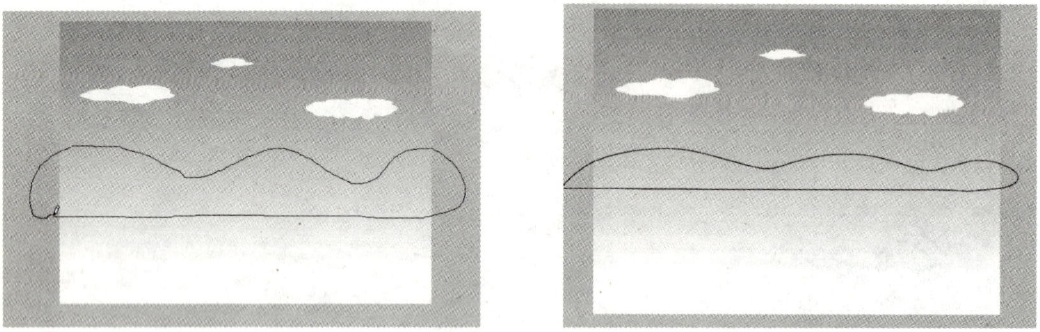

图 3-57　绘制“山”的形状

(7)使用“油漆桶工具”为山添加颜色为“灰色”，并删除上一步画出的“山”的边线，如图 3-58 所示。

★**小窍门**：双击线条的一部分就可以选中整条连续的线条，可以方便地对整条线条进行操作。

图 3-58　“山”的效果

(8)新建一个图层,命名为“大地”,并调整图层顺序,将其移动到“山”图层的下方,如图 3-59 所示。在这个图层上绘制一个矩形,填充“绿色”作为大地,如图 3-60 所示。

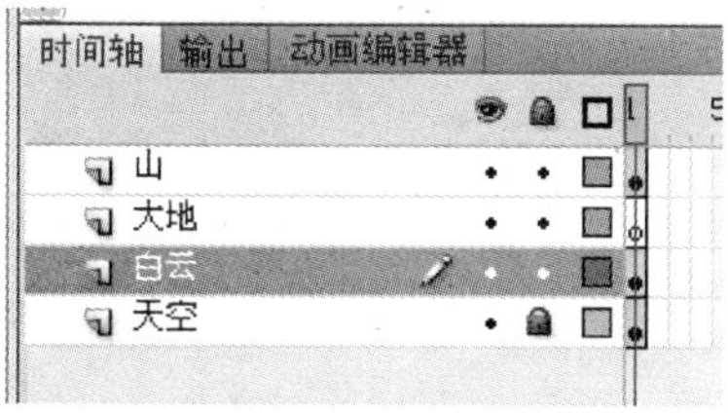

图 3-59　调整图层的顺序

图 3-60　填充“绿色”作为大地

(9)新建一个图层,命名为“青草”。新建一个图形元件,命名为“草”,如图 3-61 所示;在编辑器里使用“钢笔工具”和“选择工具”绘制出草的样式,并为其填充颜色,如图 3-62 所示。

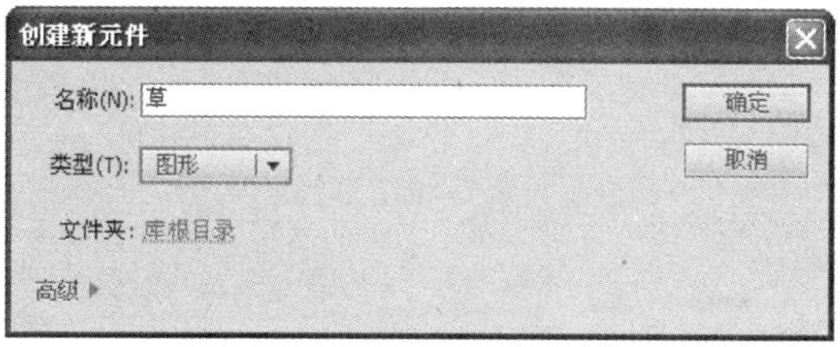

图 3-61　新建“草”元件

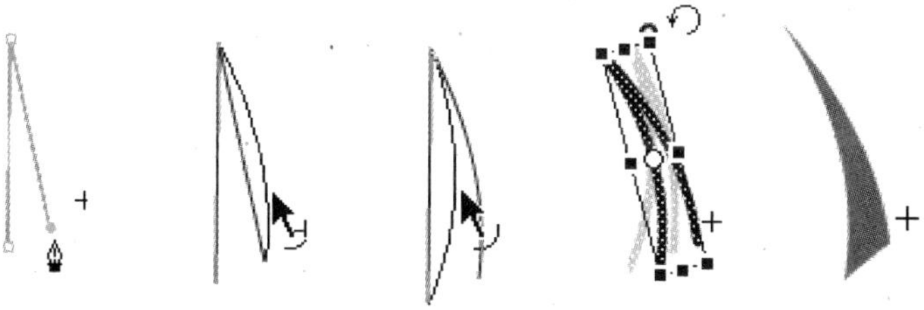

图 3-62　元件“草”的绘制

(10)回到“场景 1”,将“草”元件一一拖到舞台的下方,并使用“任意变形工具”改变每个放入舞台的元件的大小和形状,达到如图 3-63 所示的效果。

图 3-63　将“草”元件放置到舞台上

(11)使用“文件”菜单下的“发布预览”→“flash”命令就可以看到该动画的动画效果。

练习题

1.简述“铅笔工具”“钢笔工具”“刷子工具”这三种工具各有什么用途?

2.简述“吸管工具”“墨水瓶工具”“颜料桶工具”分别用在什么场合?如何使用它们?

3.改变对象的形状和大小有哪几种方式?

4.如何用椭圆工具绘制一个正圆?

5.在 Flash CS5 中修改图形工具边框的工具是什么?填充颜色的工具是什么?

6.动手操作:绘制如图 3-64 所示的房子。

3-64　房子的制作效果

7.动手操作:绘制如图 3-65 所示的鸭子。

3-65　鸭子的制作效果

第 4 章　Flash CS5 的文本工具

在 Flash CS5 中可以使用 TLF 文本或者传统文本，为文档中的标题、标签或者其他内容添加文本。本章就介绍 Flash CS5 中文本工具的使用。

重点难点：

※掌握静态文本的创建方法。

※掌握动态文本的创建方法。

※掌握文本属性的设置。

※掌握文字的分散。

※了解 TLF 文本和传统文本的区别。

---

§4.1　传统文本

传统文本可以分为三种：静态文本、动态文本和输入文本。它们的特点和区别为：静态文本在动画的播放过程中是不可编辑和改变的；动态文本就是可以编辑的文本，在动画播放的过程中可以通过事件的触发来改变；输入文本就是在动画的播放过程中，可以提供输入、交互的文本。

§4.1.1　静态文本

选择工具箱中的“文本工具” T ，然后在弹出的“属性”面板中会出现“文本工具”的相关选项，在“文本工具”下拉菜单中选择“传统文本”，在“文本类型”下拉菜单中选择“静态文本”，就可以创建静态文本，其相关“属性”面板如图 4–1 所示。在其“属性”面板中，可以设置如下的属性。

(1)“改变文本方向”按钮 可以改变文本的方向，即水平和垂直(从左到右和从右到左)。

(2)“字母间距”右侧数字显示字符间的距离，鼠标左键单击可以通过滑动条来改变这个值的大小，其值的范围从–60 至 60。

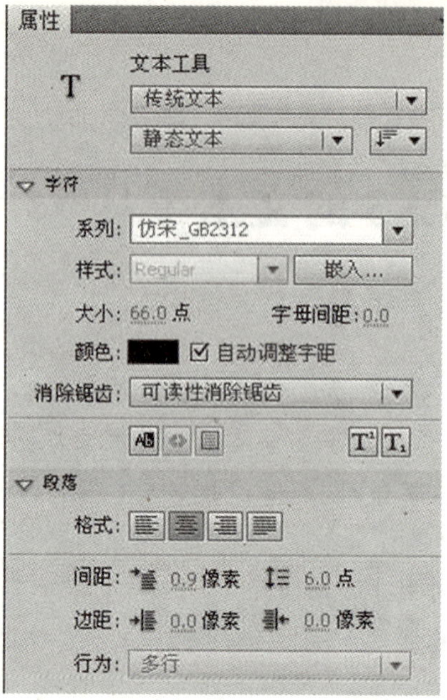

图 4-1 “静态文本”的“属性”面板

(3)“可选”按钮表示该文本是否可以被选中，如果选定此按钮，则可以通过鼠标选中该段文本，然后可进行复制、粘贴等操作；如果此按钮处于未选中状态，那么该段文本则不能被选中，从而也就不能执行复制、剪切等操作。

(4)“切换上、下标”按钮组可以将输入的文本切换成上标或者下标显示。

(5)“消除锯齿”按钮 消除锯齿： 可读性消除锯齿 后方的下拉菜单可以改变文字的锯齿属性。“使用设备字体”说明该文件使用本地计算机上安装的字体来进行文本显示，本机未安装的字体不能正常在动画文件中显示；“位图文本(未消除锯齿)”表示不对文本进行平滑处理；“动画消除锯齿”表示创建比较平滑的动画；“可读性消除锯齿”可以创建高清晰的字体，但是它的动画性能较差。

§4.1.2 动态文本

动态文本可以在舞台上显示随时更新的信息，例如日期、投票的分数等更新的信息都可以通过动态文本表现出来。在 Flash CS5 动画播放时，动态文本里的文本内容是通过事件的激发来改变的。

动态文本的“属性”对话框如图 4-2 所示，它与静态文本不同的是它增加了两个工具：“将文本呈现为 HTML”按钮和“在文本周围显示边框”按钮，它们用在动画显示网页中的属性。“将文本呈现为 HTML” 按钮可以用来保留丰富的文本格式，并在其中带有 HTML 属性；“在文本周围显示边框” 按钮可以用来显示文本字段的黑色边框和白色背景。其他的设置方式都与静态文本设置基本一致。

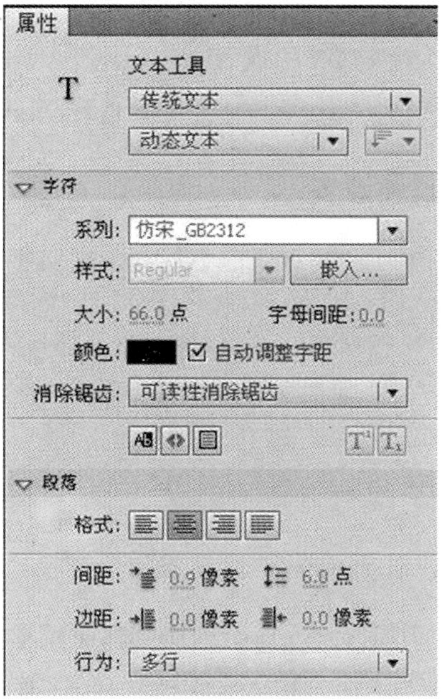

图 4–2　**"动态文本"的属性面板**

此外在"段落"格式中,"行"为选项时可以改变"行类型"的方式,"行类型"中分为三种方式:"单行""多行"和"多行不换行" 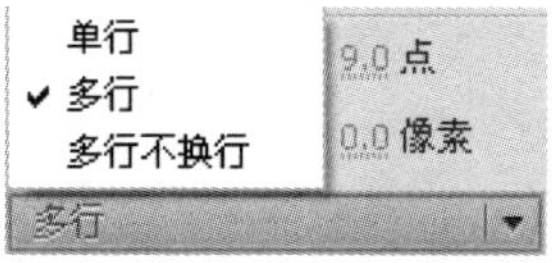

,用于定义在动态文本显示时动态文本的样式。"单行"可以在一行中显示文本;"多行"可以在多个行显示文本,并且会在文本框右侧实现自动换行;"多行不换行"是以多行显示文本,但只在最后一个字符是换行字符时才会换行。

§4.1.3　输入文本

输入文本就是在动画的播放过程中,可以提供用户输入和交互的文本。它允许用户在系统提供的交互区域内输入文字,例如调查问卷、用户名、密码的输入等。

输入文本的用法与动态文本基本相似,只是输入文本的"属性"选项中不能设置"可选"属性。

在输入文本的"段落"格式中,行类型除了"单行""多行"和"多行不换行"三种格式之外,还增加了"密码"方式 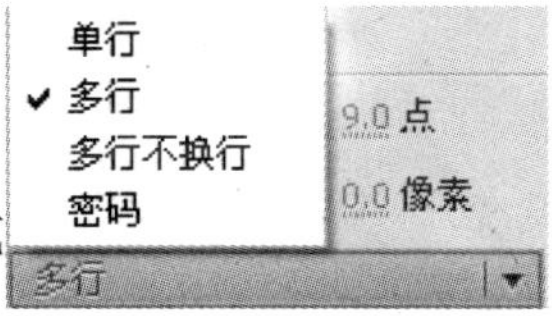

,在该方式被选中时,文本框中输入的内容将会以星号代替,这种方式通常用于密码等保密内容的输入。

在“选项”面板中，有“最大字符数”的设置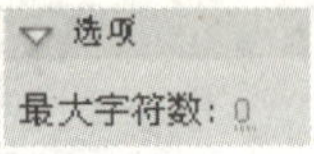

，该选项用于设置表单的长度，表示该文本区域内可以看见的最大字符数，其值范围是0～65535。

§4.1.4 传统文本的字符属性设置

在选择了“文本工具”后，在“属性”对话框中就会出现文字对象的相应属性。点击展开“字符”选项卡

，就可以设置文本的字体、字号、颜色等字符属性。

1.设置字体

选择“字符”选项卡内的“系列”命令，就会弹出字体子菜单命令，如图4-3所示，单击其中的一种字体，便可以选择该字体作为输入文本的字体，字体的多少取决于机器安装的字体的种类。

另外还可以选择“文本”菜单项中的字体选项来选择文本的字体，如图4-4所示。

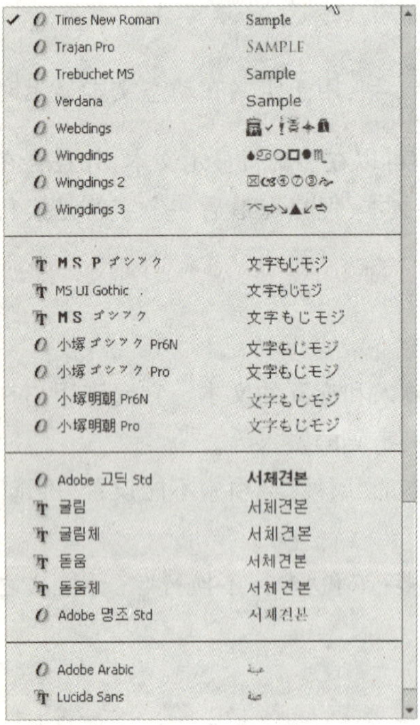

图4-3 “系列”子菜单

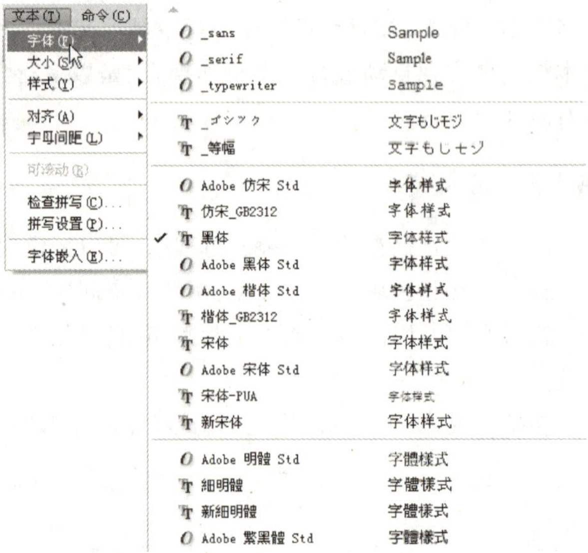

图4-4 字体列表

2.设置字号

鼠标放置在“大小”选项上，鼠标就会变成图标的样式，这时拖动鼠标向左或向右滑动，便可以改变文本的字号。在传统文本中，文本的大小范围是 8～96 之间的任一整数。

在“文本”菜单项“大小”选项中也可以设置文本的字号大小，其值从 8～120 之间的 13 个整数。如图 4-5 所示。

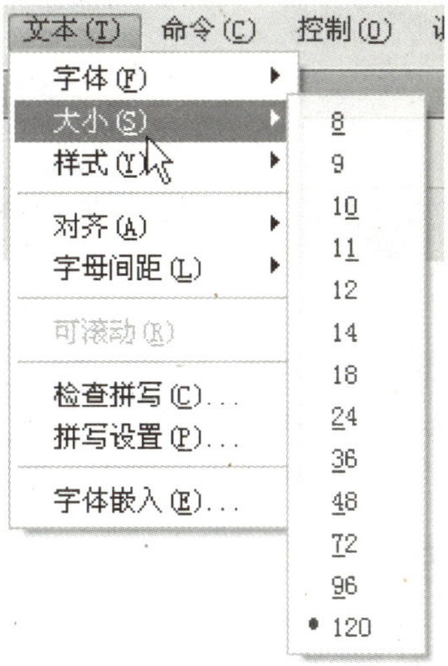

图 4-5 文本的大小

3.设置文本的颜色

单击“颜色”选项后面的颜色框，便会弹出颜色选择器，如图 4-6 所示。在其中可以选择需要的颜色，如果已有的颜色样式不能满足需求，可以点击右上角图标，打开“颜色”对话框，选择更多的颜色，如图 4-7 所示。

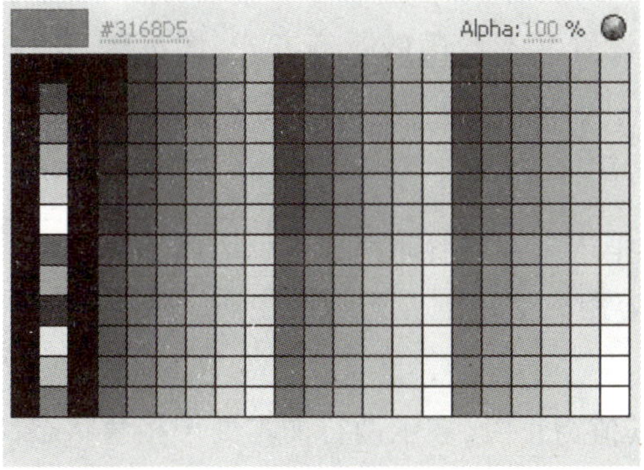

图 4-6 “颜色”选择器

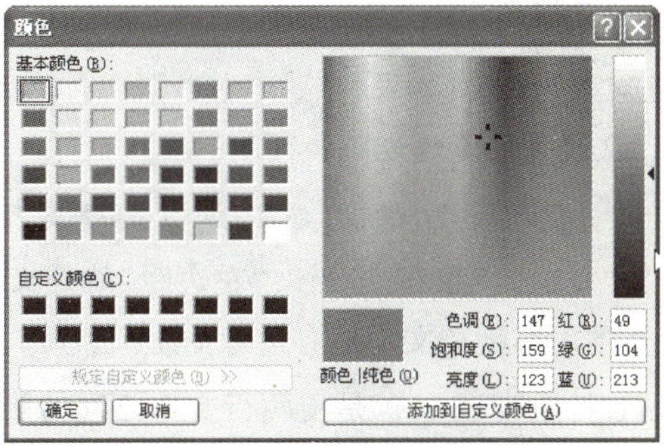

图 4-7 “颜色”对话框

“Alpha” 选项 Alpha: 100 % 用于控制颜色的透明度：100%为完全不透明，0%表示完全透明。其值的改变同样通过鼠标指向它时变为图标样式的左右滑动来进行调节。

4.设置文本的样式

“样式”选项用来改变字体的样式，字体的样式分为“正常”“斜体”“粗体”“加粗倾斜”四种

。但这四种文本的样式只能在文本选择了“英文字体”时起作用。

在“文本”菜单的“样式”命令下，如图 4-8 所示，可以设置文本为“仿粗体”或者“仿斜体”样式，这两种样式在选择“非英文字体”时发挥作用，起到类似“粗体”或者“斜体”的样式效果。

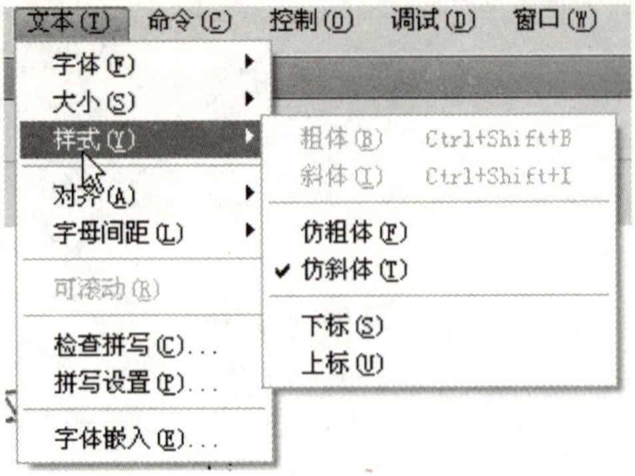

图 4-8 “文本”菜单下的“样式”命令

通过“属性”面板中选择图标T^1来设置文本为“上标”，或选择图标T_1来设置文本为“下标”。这两种设置在“文本”菜单下的“样式”命令里也可以进行设置。

§4.1.5 传统文本的段落属性设置

1.设置段落的对齐方式

在“段落”面板

中，可以设置文本段落的对齐方式，图标▤表示“左对齐”，图标▤表示“居中对齐”，图标▤表示“右对齐”，图标▤表示“两端对齐”。

2.设置段落的边距和行距

“边距” 边距: 0.0 像素 0.0 像素 是指文本框内文本内容距离文本框边缘的距离，它分为“左边距”和“右边距”，“左边距”就是文本内容距离文本框左边缘的距离，“右边距”就是文本内容距离文本框右边缘的距离。

“行距” 2.0 点 是指两行文本之间的距离，其值为正时，表示两行文本处于相离状态，当其值为负时，表示两行文本处于相交状态。如图 4-9 所示，甲图表示行距为 20 时的状态，乙图表示行距为 0 时的状态，丙图表示行距为-20 时的状态。

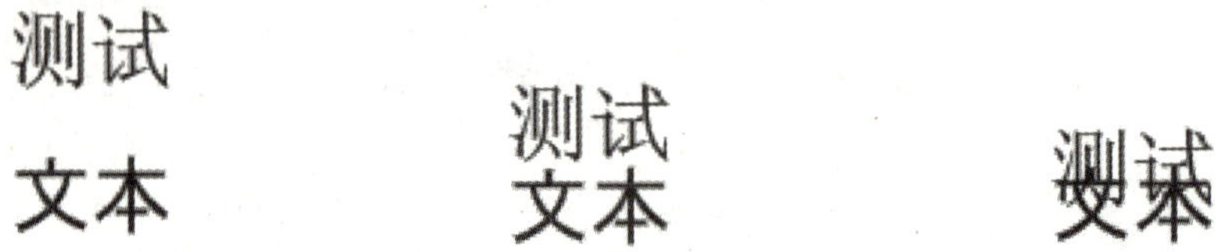

甲 乙 丙

图 4-9 “行距”的样式

§4.1.6 传统文本的选项设置

“选项”面板

用于设置在传统文本中的文本链接，该面

板中有两项内容:“链接”和“目标”。

(1)“链接”用于为文本创建超级链接,后面的对话框中输入已发布的SWF文本单击相应字符时加载的URL地址。

(2)“目标”用于指定URL打开的方式,其中包括四个值:

①_self。它指定打开的新的URL在当前窗口中的当前帧。

②_blank。它指定打开的新的URL在一个新的窗口。

③_parent。它指定打开的新的URL在当前帧的父级位置。

④_top。它指定打开的新的URL在当前窗口中的顶级帧。

§4.2 TLF文本

TLF文本是Flash CS5中的默认文本类型，它要求创建和发布时选择ActionScript 3.0和Flash 10以上的版本。比起传统的文本,TLF文本有以下新增功能:

(1)拥有更多的字符样式。它增加了行距、连字、加亮颜色、下划线、删除线等类似与Office中的字符样式。

(2)拥有更多的段落样式。它增加了分栏、边距、缩进、段落间距等多种段落样式来美化段落的格式。

(3)增加了更多亚洲字体的属性。它包括竖排内横排、标点控制等中文或者亚洲文字的特殊版式控制。

(4)可以直接增加3D效果、色彩效果以及混合模式等相关属性。普通文本如果想要实现这些效果,必须将文本转换为影片剪辑原件。

(5)能够针对阿拉伯语、希伯语创建从右向左的文本。

创建TLF文本可以在“可选”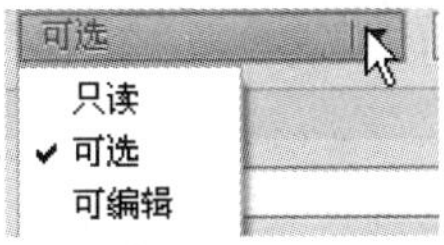

中选择“只读”“可选”和“可编辑”三种类型。“只读”类型下创建的文本在Flash发布时无法被选中和编辑;“可选”类型下创建的文本在Flash CS5发布时可以被选中并被复制、粘贴到剪贴板中,但无法被重新编辑;“可编辑”类型下创建的文本在Flash CS5发布时可以被选中和编辑。

§4.2.1 TLF文本的字符样式

TLF文本的字符样式是可以单独用在单个字符或者一系列词组(传统文本中只能针对整个文本框内的所有文字)中,设置TLF文本字符样式可以使用“属性”对话框中的“字符”和“高级属性”两个选项卡。

TLF文本中的“字符”选项卡比起传统文本增加了“行距”“加亮显示”“字距调整”“旋

转”等选项，如图 4-10 所示。

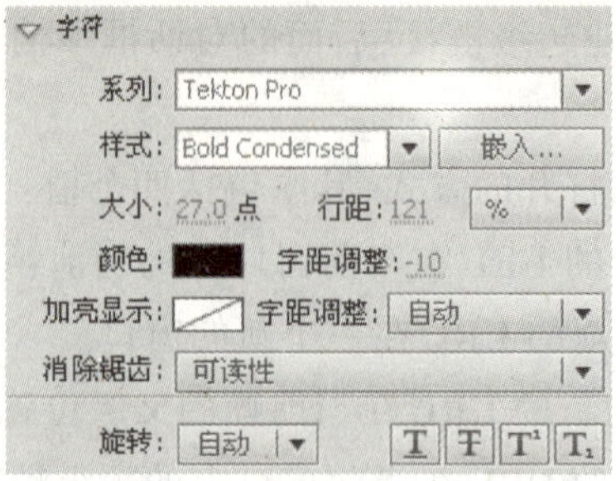

图 4-10　设置“字符”选项卡

(1)“行距”选项用于调整文本行之间的垂直间距，一般情况用百分比表示。

(2)“加亮显示”用于给文本框添加底纹颜色。

(3)“字距调整”用于微调 TLF 文本中拉丁文和内置有字距微调信息的亚洲字符之间的字符间距(亚洲字符中没有字距微调信息的包括日语汉字、片假名和平假名)，微调包括加大或缩小距离。“字距调整”的选项卡中包含“自动”“开”“关” 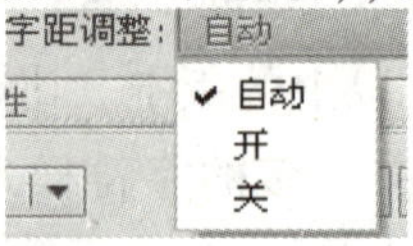

三种选项。“开”选项表示总是打开字距微调；“关” 选项表示总是关闭字距微调；“自动”选项表示自动为特定字符微调字距。

(4)“旋转”用于旋转各个字符，有“自动”“0°”“270°”三个选项。“0°”表示强制不旋转所有字符，“270°”表示对字符进行 270°的旋转。但是需要注意的是，如果对不含有垂直布局信息的字体指定旋转，可能会出现非预期的效果，如图 4-11 所示，“非预期的效果”这六个字符就进行了 270°的旋转。

字符样式中的旋转效果，
可能会出现非预期的效果

图 4-11　“旋转”的效果

(5)“下划线”用于将水平线放于字符下方，如图 4-12 所示。

字符样式中的下划线和没有下划线

图 4-12　“下划线”的效果

(6)“删除线”用于将水平线置于文字中央，显示出类似删除的效果，如图 4-13 所示。

~~字符样式中的删除线~~和没有删除线

图 4-13　“删除线”的效果

(7)“上标”用于将字符移动到高于标注线的位置并缩小字符，显示类似上标的效果。

(8)“下标”。用于将字符移动到低于标注线的位置并缩小字符，显示类似下标的效果。

§4.2.2　TLF 文本的高级字符样式

当选中“TLF 文本”后，还会在“属性”面板上出现一个“高级字符”选项卡，如图 4–14 所示。这里就对比较常用的“链接”“目标”和“大小写”三个选项进行详细的解释，后面几个选项都是针对特定文字进行的相关设置，这里就不再详细介绍。

(1)“链接”选项用于为文本创建超级链接，输入发布后的 SWF 文本单击相应字符时加载的 URL 地址。

(2)“目标”选项用于指定 URL 打开的方式，其中的四个选项和传统文本中的相同，这里就不加赘述。

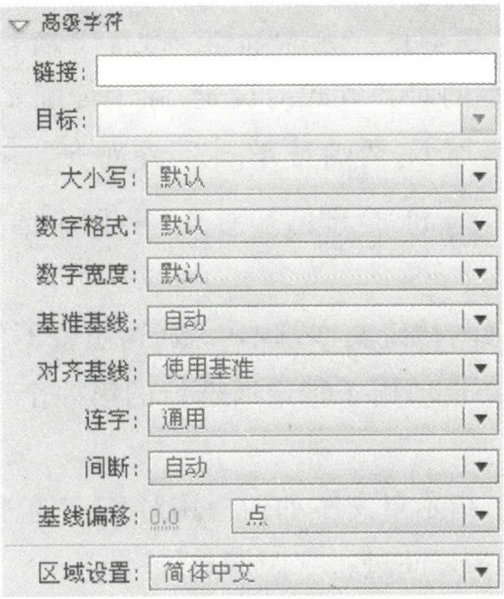

图 4–14　设置“高级字符”选项卡

(3)“大小写”选项用于指定如何使用大写字符和小写字符，它包含以下选项：

①默认。每个字符使用原有的大小写字型。

②大写。指定所有字符使用大写字型。

③小写。指定所有字符使用小写字型。

④大写转为小型大写字母。指定所有大写字母转变为小型大写字母，使用这个选项时要求选定的字体包含小型大写字母字型（如 Times New Rome、verdana 等字体就不包含小型大写字母字型）。

⑤小写转为小型大写字母。指定所有小写字母转变为小型大写字母，使用这个选项时要求选定的字体包含小型大写字母字型。

§4.2.3　TLF 文本的段落样式

TLF 文本的段落样式的设置可以通过“属性”面板上的“段落”选项卡和“高级段落”选项卡两部分内容，如图 4–15 所示。

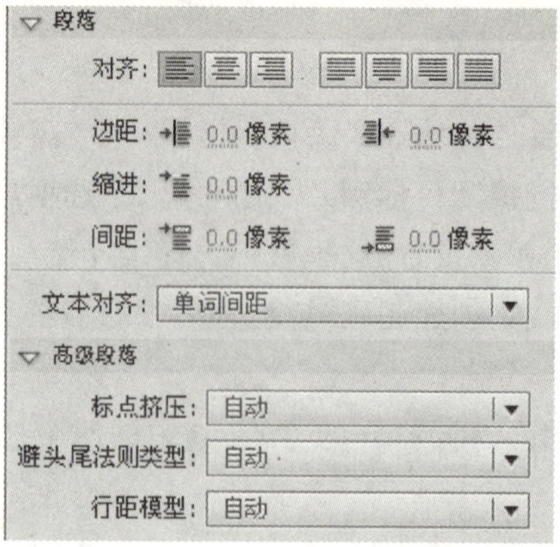

图 4-15 “段落”和“高级段落”选项卡

(1)“对齐”选项用于文本的对齐方式的设定,除了传统文本中的“左对齐”“居中对齐”和“右对齐”外,TLF 文本还增加了“两端对齐,末行左对齐”,“两端对齐,末行居中对齐”,“两端对齐,末行右对齐”和“全部两端对齐”四个选项,这就更详细地规定了文本的对齐方式。

(2)“边距”和“间距”选项与传统文本基本一致,这里就不再赘述。

(3)“缩进”缩进: 0.0 像素 选项用于指定所选行的第一个词的缩进度,它一般以像素为单位。

(4)“文本对齐”选项用于指示对文本如何应用对齐,它包括以下值:

①字母间距。它表示在字母间进行字距调整。

②单词间距。它表示在单词间进行字距调整,这项是默认设置。

在“首选参数”对话框中,如果选择了“显示亚洲文本选项”复选框,那么在“高级段落”选项卡中就会出现以下三种属性:“标点挤压”“避头尾法则类型”和“行距模型”。“标点挤压”选项用于确定标点符号的显示样式是紧缩状,还是间隔比较大的距离;“避头尾法则类型”选项用于处理日语中避头尾字符;“行距模型”选项是针对行距进行的相关设置。

§4.3 综合实战 1——立体文字的制作

这个实例主要是让大家熟悉如何使用文本工具和绘图工具制作文字的立体效果。制作后的效果如图 4-16 所示。

图 4-16 立体文字的制作效果

立体文字的制作步骤如下：

(1)新建一个 Flash CS5 文档。

(2)选择“文件”菜单下的“保存”命令，在弹出的对话框中输入文件名“立体文字”，并选择保存的路径，单击“保存”按钮。

(3)选择工具栏上的“文本工具” T，设置为“传统文本” →“静态文本”，并设置字符的属性，如图 4–17 所示。

(4)在场景 1 中创建一个文本标签，在其中输入“立体文字”，如图 4–18 所示。

(5)选中输入的文字，连续使用两次“修改”菜单下的“分离”命令，将文本打散为图形，如图 4–19 所示。

(6)选择“墨水瓶工具”，在其“属性”面板上设置好线条的颜色和笔触等选项，如图 4–20 所示。

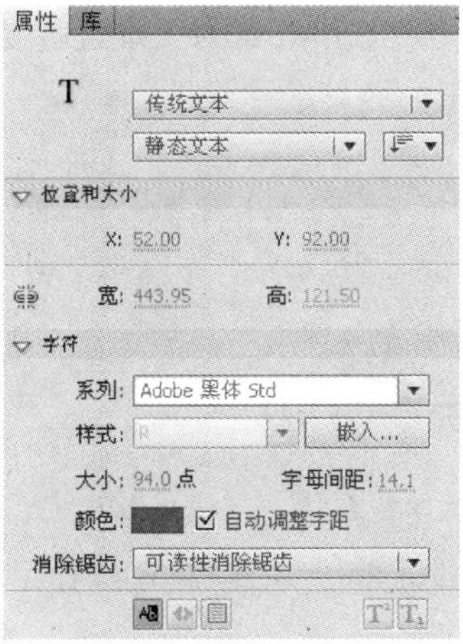

图 4–17　设置“文本”的属性

图 4–18　输入文字

图 4–19　将文本打散为图形

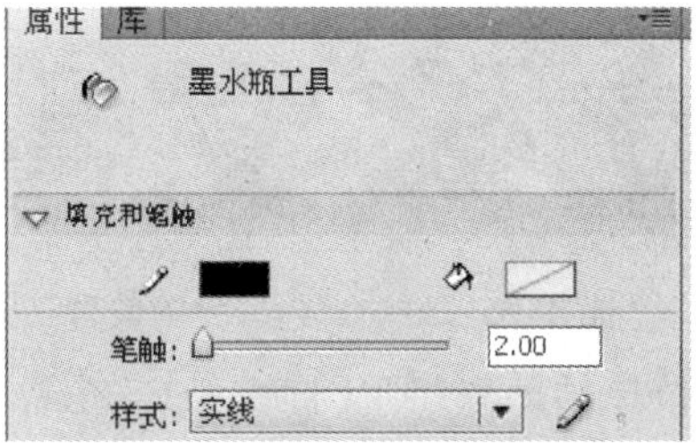

图 4–20　设置“墨水瓶工具”的属性

(7)使用设置好的“墨水瓶工具”给分离后的文字描边,如图 4-21 所示。

图 4-21　为“分离后的文本”描边

(8)使用“选择工具”选中文字的实心部分(按住 Shift 键可以选中多个区域),并按下 Delete 键对其进行删除,删除后的效果如图 4-22 所示。

图 4-22　删除实心部分后的空心文字

(9)按下 Ctrl+A 键将文本轮廓全部选中,然后使用 Ctrl+C 键对文本进行复制,按下 Ctrl+V 键粘贴复制的文本轮廓,得到如图 4-23 所示的效果。

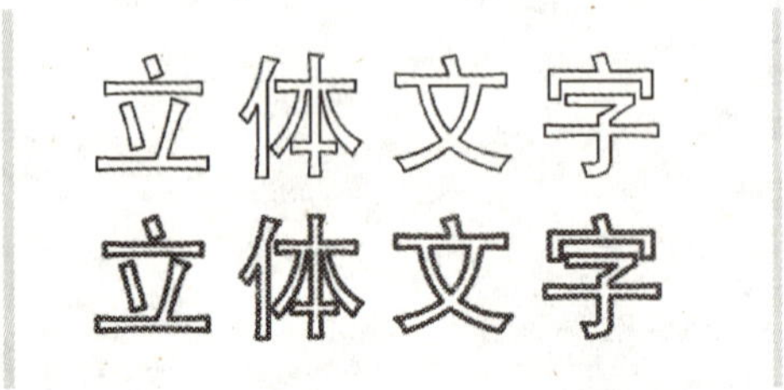

图 4-23　复制新的文字轮廓

(10)使用“颜料桶工具”对复制出来的文字进行颜色填充,这里选择了蓝色向白色的渐变填充,如图 4-24 所示。

图 4-24　为复制的文字填充颜色

(11)选中已填充颜色的文本,将其移动到只有轮廓的文本的上方,如图 4-25 所示。

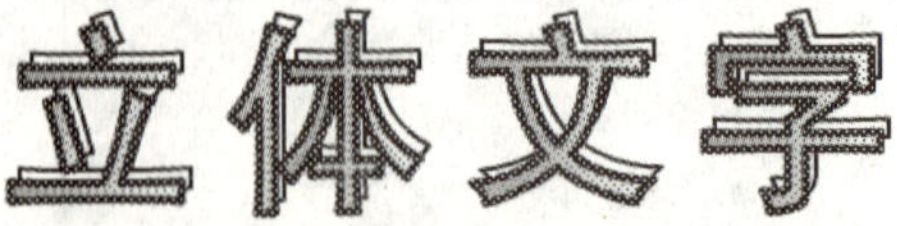

图 4-25　移动立体文字的效果

(12)将两部分字体立体效果的部分使用“直线工具”,如图 4-26 所示。

图 4-26　用线段连接立体效果

(13)将立体效果中不会出现的线条删除,如图 4-27 所示。

图 4-27　删除多余的线条

(14)使用“文件”菜单下的“发布预览” →“flash”命令就可以看到该动画的动画效果。

§4.4　综合实战 2——书籍插页的制作

这个实例让大家熟悉文本的输入、编辑以及各种编辑技巧,最终的效果如图 4-28 所示。

图 4-28　书籍插页的最终效果

书籍插页的制作步骤如下:

(1)新建一个 Flash CS5 文档,并设置文档工作区的宽为 360 像素,高为 450 像素,如图 4-29 所示。

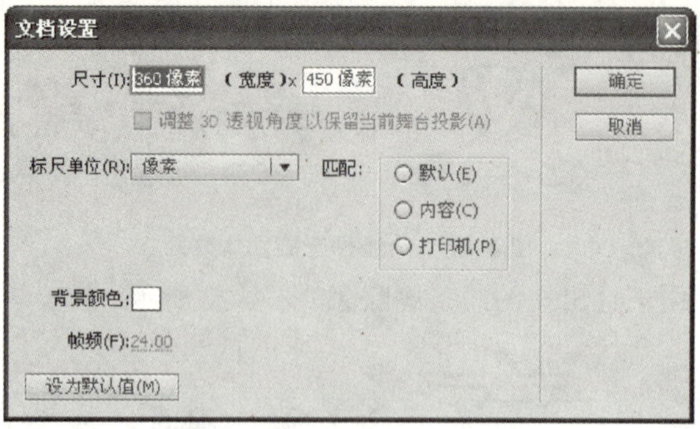

图 4-29 设置工作区的尺寸

(2)选择"文件"菜单下的"保存"命令,在弹出的对话框中输入文件名"书籍插页",并选择保存的路径,单击"保存"按钮。

(3)选择"文件"菜单下的"导入"→"导入到舞台"命令,然后调整图片的大小和位置,将其设置和舞台一样大小,并放置舞台中央,如图 4-30 所示。

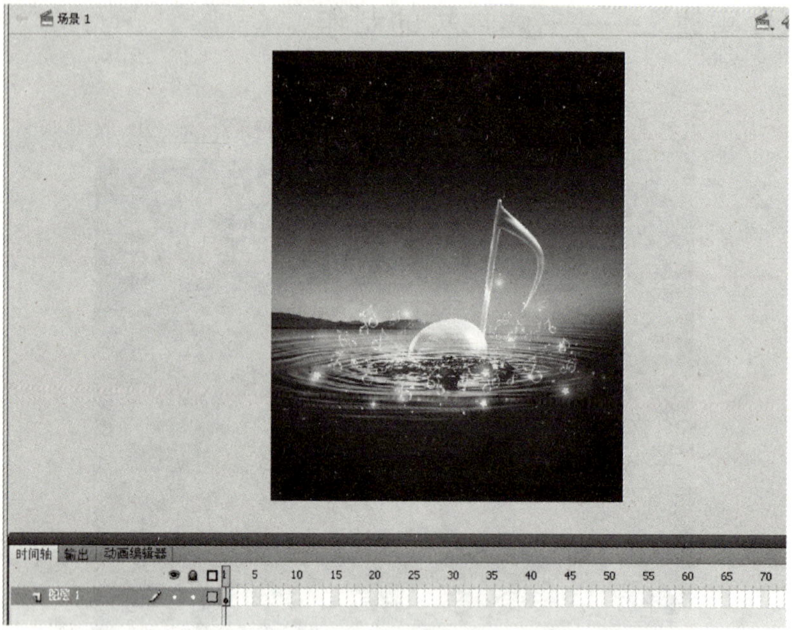

图 4-30 导入图片到舞台

(4)新建一个图层,将其命名为"文本标题",选择工具栏的"文本工具" T ,然后在其"属性"面板上选择"静态文本",并设置位置和大小、字符等。如图 4-31 所示。

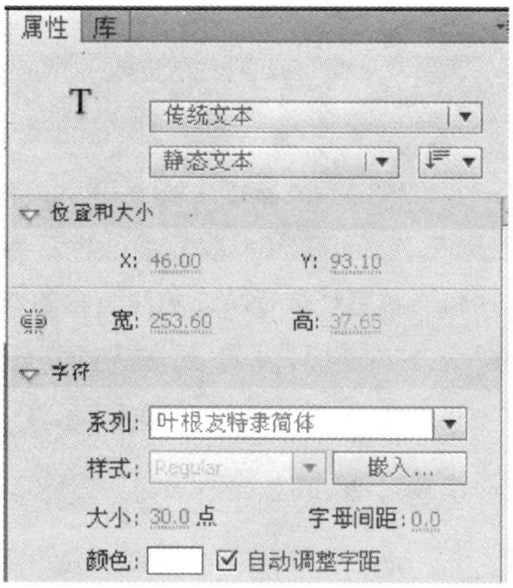

图 4-31　设置文本属性

(5)在舞台上输入文本“声情传梦·心彩恒动”,然后选择“修改”菜单下的“分离”命令将文字分离,效果如图 4-32 所示。

图 4-32　分离文本

(6)选择使用“任意变形工具”对每个文本进行大小和位置的调整,最终效果如图 4-33 所示。

图 4-33　调整每个字符的大小和位置

(7)选择“修改”菜单下的“分离”命令将文字再次分离,然后使用“墨水瓶工具”和“颜料桶工具”对文字的颜色和边框进行填充,并进一步调整每个文字的位置和形状,最终效果如图 4-34 所示。

图 4-34　对字符进行填充色和边框的调整

(8)新建一个图层,命名为“文本内容”,设置文本为“静态文本”,并设置字体为“楷体”,大小为“10 点”,颜色为“白色”,输入文本内容,效果如图 4-35 所示。

(9)选择工具栏里的“钢笔工具” 和“选择工具” 添加装饰性的线条,如图 4-36 所示。

(10)使用“文件”菜单下的“发布预览” →“flash”命令就可以看到该动画的动画效果。

图 4-35　输入文本内容

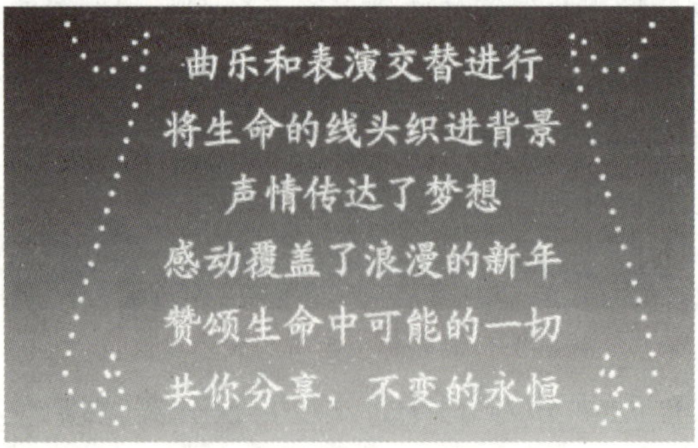

图 4-36　添加装饰性线条

练习题

1.传统文本有哪几种类型？TLF 文本有哪几种类型？它们各有什么特点？

2.简述静态文本、动态文本、输入文本的功能。

3.如何对输入的文字进行渐变色的填充？

4.动手操作：制作立体文字。

5.动手操作：制作渐变文字。

6.动手操作：制作霓虹灯效果的字幕。

第 5 章　Flash CS5 的动画制作基础

制作动画是 Flash CS5 的主要功能，也是 Flash CS5 最为吸引人的地方。凭借 Flash CS5 矢量图的特点，Flash CS5 动画文件体积小、效果出众，已经无可争议地成为当今网络动画的主流。这一章我们就介绍 Flash CS5 的五种基本动画的制作方法。

重点难点：

❈掌握 Flash CS5 逐帧动画的制作。

❈掌握 Flash CS5 传统补间动画的制作。

❈掌握 Flash CS5 形状补间的制作。

❈掌握 Flash CS5 引导层动画的制作。

❈掌握 Flash CS5 遮罩动画的制作。

❈掌握 Flash CS5 动画的发布。

§5.1　逐帧动画

逐帧动画是类似于传统动画的一种动画形式，它是利用人眼的视觉暂留特性，在每一帧放置连续的、差别细微的图像，当快速播放这些图像时，就会形成动画的效果。

下面以一个实例来说明如何制作一个逐帧动画，其步骤如下：

(1)新建一个 Flash CS5 文档。

(2)选择“文件”菜单下的“导入”→“导入到舞台”命令，将卡通人物的图像导入到舞台中，如图 5-1 所示。

(3)在第 1 帧的卡通人物相应的位置用“画笔工具”画出一个披风的样式，如图 5-2 所示。

(4)在第 2 帧中添加一个新的关键帧，然后将披风的图案略作修改，如图 5-3 所示。

(5)用同样的方法在第 3 帧、第 4 帧添加关键帧，并对披风的图像做修改，如图 5-4 所示。该动画的“时间轴”如图 5-5 所示。

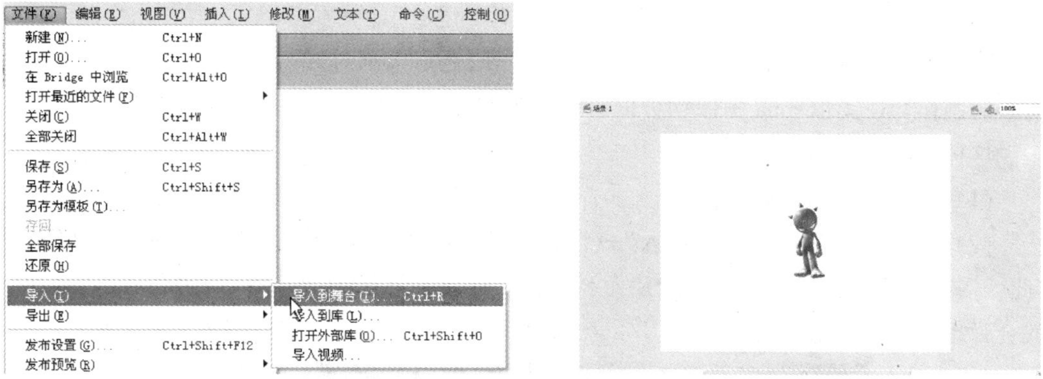

图 5-1　将图像导入到舞台

图 5-2　第 1 帧

图 5-3　第 2 帧

图 5-4　第 3 帧、第 4 帧的图像

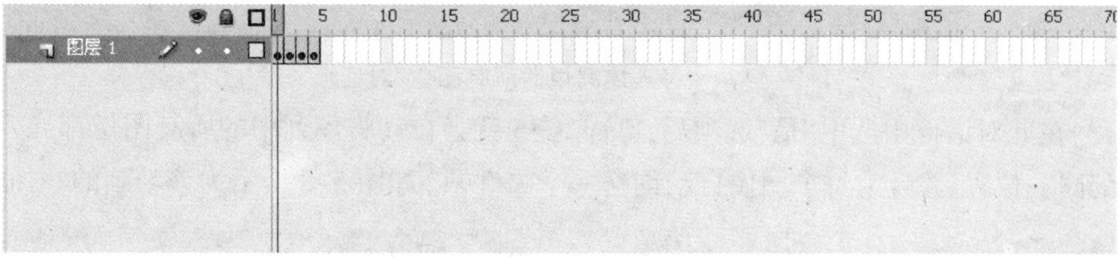

图 5-5　该动画的“时间轴”

(6)使用“文件”菜单下的“发布预览”→“flash”命令就可以看到“飘舞的披风”的动画效果。

★**小窍门**:在绘制图像时,为了保证图像的定位更加准确,可以使用“视图”菜单下的

"网格"→"显示网格"命令,在舞台上显示出小的网格,用于定位图像。

除了通过绘制图形的方式制作逐帧动画之外,还可以通过导入连续的图片来完成逐帧动画的制作,jpg 图像、png 图像均可以进行导入。

这种逐帧动画制作步骤如下:

(1)新建一个 Flash CS5 文档。

(2)选择"文件"菜单下的"导入"→"导入到舞台"命令,选择系列图片中的第一张图片(此处需要注意的是这些连续的图片命名一定是连续的),如图 5-6 所示,然后点击"打开",就会弹出如图 5-7 所示的对话框。

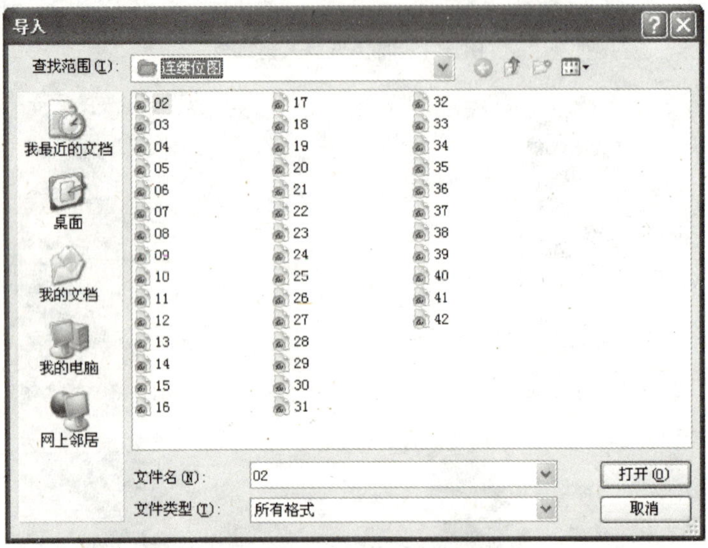

图 5-6 "导入图像"对话框

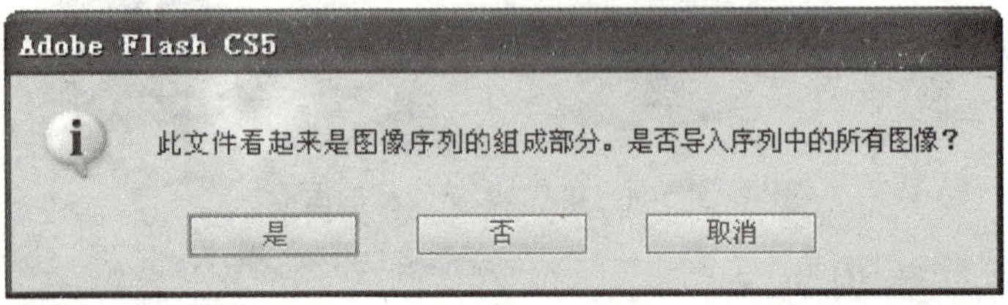

图 5-7 "导入序列中的所有图像"对话框

(3)在此对话框中选中"是"选项后,Flash CS5 就会自动将序列中的所有图像都导入到舞台上的同一位置,并且为每个图像自动创建一个关键帧。如图 5-8 所示为该动画的"时间轴"。

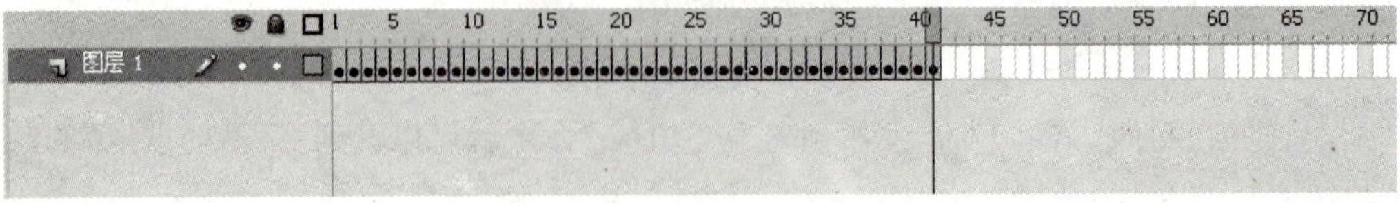

图 5-8 该动画的"时间轴"

(4)使用"文件"菜单下的"发布预览"→"flash"命令就可以看到该动画的动画效果。

§5.2　传统补间动画

传统补间动画是自 Flash CS5 诞生起就存在的动画模式，之所以叫传统补间动画是为了区别新版本下的补间动画。典型的传统补间的构成包括起始关键帧、结束关键帧以及两个关键帧之间的传统补间，如图 5-9 所示。

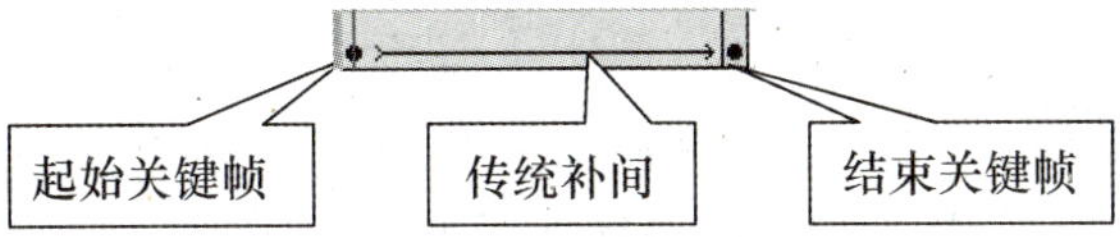

图 5-9　传统补间

传统补间的对象是元件，可以补间所有元件的外部属性，包括大小、位置等。

下面通过“跳动的小球”实例来介绍传统补间动画的制作方法，其制作步骤如下：

(1)新建一个 Flash CS5 文档。

(2)选择“修改”菜单下的“文档”命令，在弹出的“文档设置”对话框中设置工作区的宽为 200 像素，高为 400 像素，如图 5-10 所示。

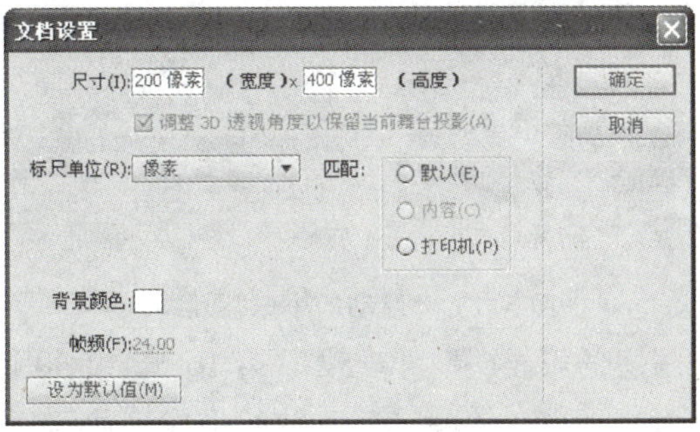

图 5-10　“文档设置”对话框

(3)新建一个图层，命名为“地面”。使用“直线工具”在画布偏下的位置画一条直线，代表地面，然后在该图层第 30 帧的位置插入帧，如图 5-11 所示。

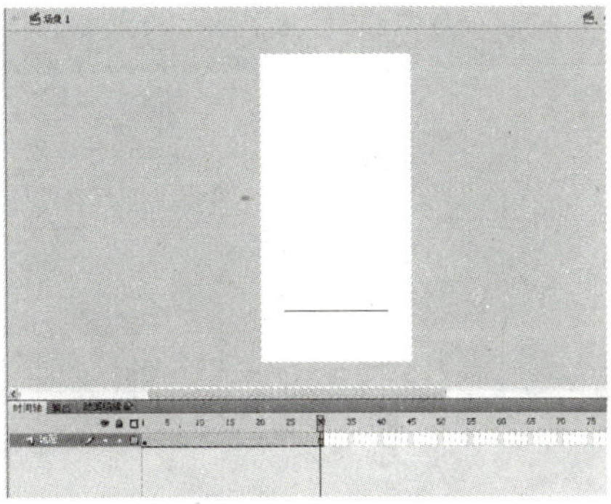

图 5-11　建立“地面图层”

(4)选择“插入” 菜单下的“创建新元件”,在弹出的对话框中将元件命名为“小球”,然后在窗口内用“椭圆工具”绘制一个小球,如图 5-12 所示。

图 5-12　绘制“小球”元件

(5)回到场景 1,新建一个图层,命名为“跳动的小球”。 将“小球”元件从“库面板”中拖入到场景中,用“任意变形工具”调整小球元件的大小,如图 5-13 所示。

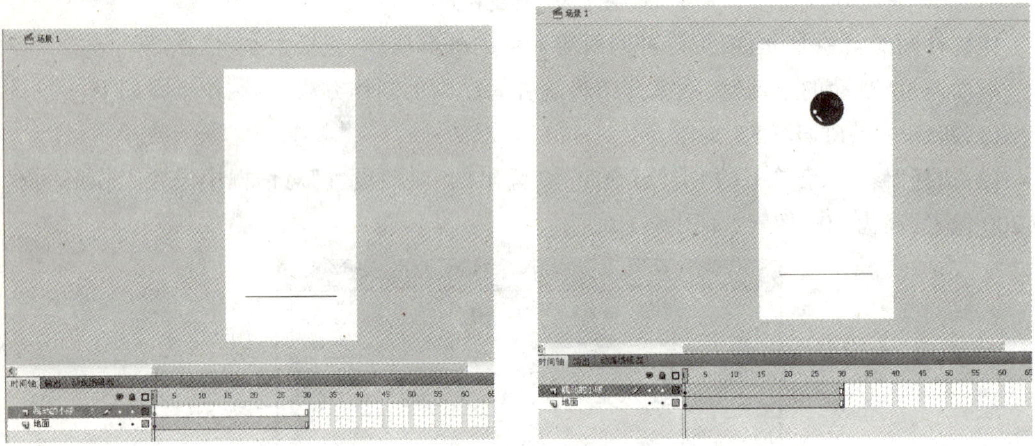

图 5-13　“跳动的小球”图层

(6)在“跳动的小球”图层的第 14 帧、第 15 帧、第 16 帧、第 30 帧的位置分别点击鼠标右键,选择“插入关键帧”,然后将第 14 帧、第 16 帧的小球移动到“地面”图层的线条上方,但不贴到线上,如图 5-14 所示。

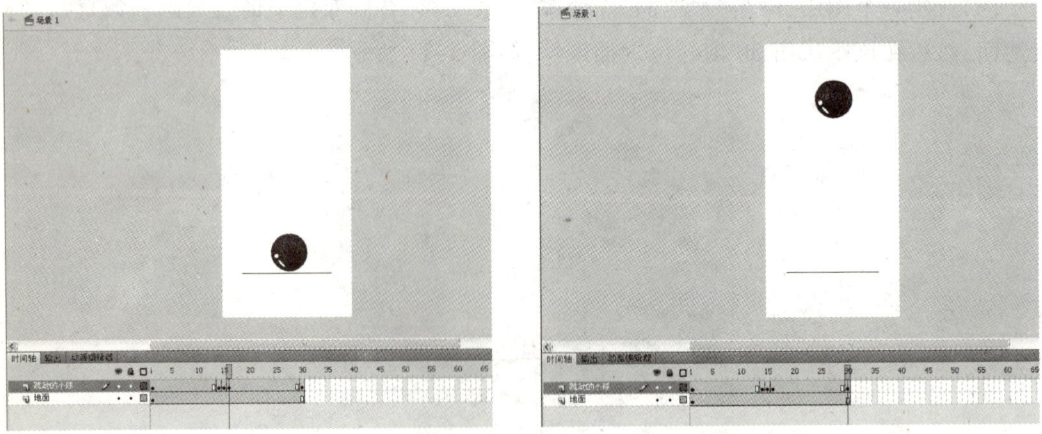

图 5-14　第 14 帧、第 16 帧、第 30 帧“小球”元件的位置

★小窍门：编辑某个图层时，可以锁定其他图层 

，以保证其他图层的内容不被修改。

（7）将第 15 帧的小球移动到“地面”图层的线条上方，并紧贴线条，使用“任意变形工具”调整小球元件，使其略微压扁，显示小球落地被挤压的效果，如图 5-15 所示。

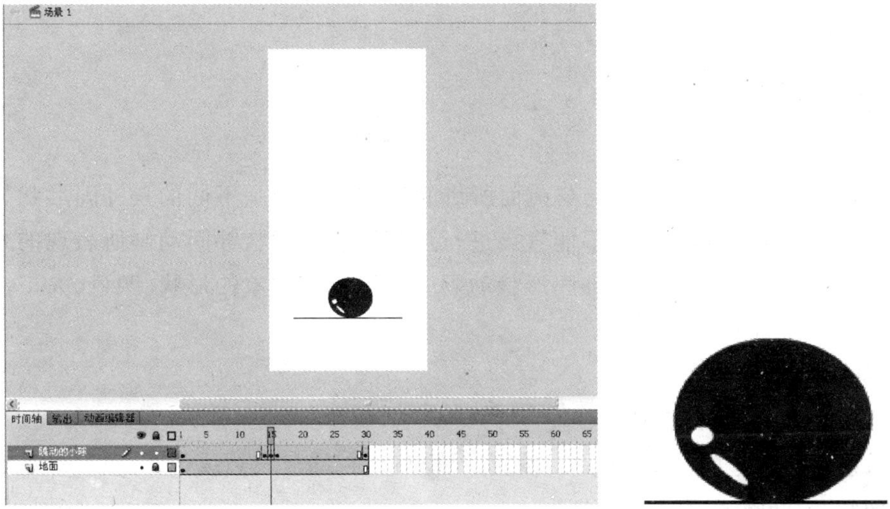

图 5-15　第 15 帧小球的位置和形状

（8）在第 1 帧至第 14 帧和第 16 帧至第 30 帧中间分别点击鼠标右键，选择“创建传统补间”，如图 5-16 所示。传统补间创建成功后，补间的背景色会变成紫色，并且出现实线箭头，如果出现的是虚线，则说明补间创建没有成功。

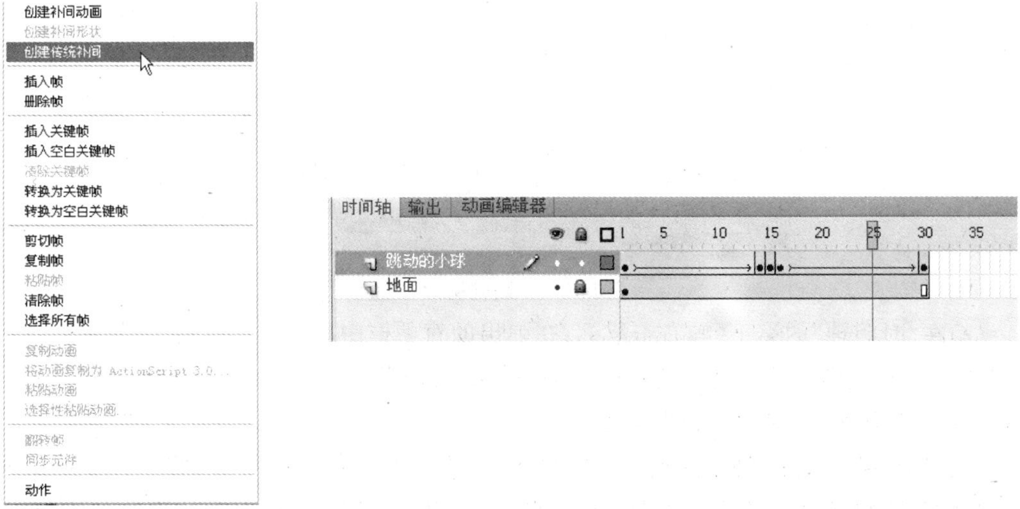

图 5-16　创建传统补间

（9）选中第 1 帧至第 14 帧的补间，在其“属性”面板中，设置其缓动值为-100，

;选中第 16 帧至第 30 帧的补间,在其“属性”面板中,设置其缓动值为 100 

。

(10)使用“文件”菜单下的“发布预览” →“flash”命令就可以看到该动画的动画效果。

§5.3 补间形状

补间形状是另一种动画形式,与前面所讲的传统补间动画不同的是补间形状的对象是矢量图形,群组对象和元件都不能直接进行形状补间。形状补间动画所表现的是一个对象变成另一个对象的过程,在补间形状动画中可以改变对象的形状、颜色、大小、位置、透明度等。

创建补间形状的步骤如下:

(1)新建一个 Flash CS5 文档。

(2)单击工具栏上的“椭圆工具”,设置其填充色为“绿色”,边线为“无色”,然后在舞台左上角绘制一个椭圆,如图 5-17 所示。

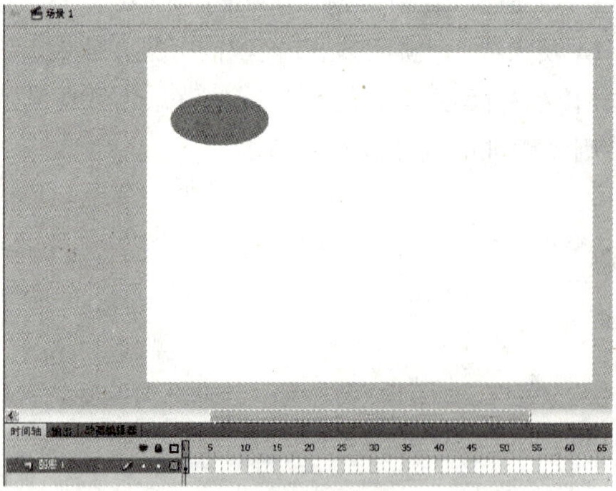

图 5-17 绘制椭圆

(3)在“时间轴”的第 12 帧右击鼠标,在弹出的对话框中点击“插入空白关键帧”,选择“工具栏上”的“矩形工具”,设置其填充色为“棕色”,透明度为“50%”,边线为“无色”,然后在舞台右下角绘制一个矩形,如图 5-18 所示。

(4)在第 1 帧至第 12 帧中间点击鼠标右键,选择“创建补间形状”,如图 5-19 所示。补间形状创建成功后,补间的背景色会变成绿色,并且出现实线箭头,如果出现的是虚线,则说明补间创建没有成功(补间创建没有成功的原因大多数是因为对象不是矢量图形)。

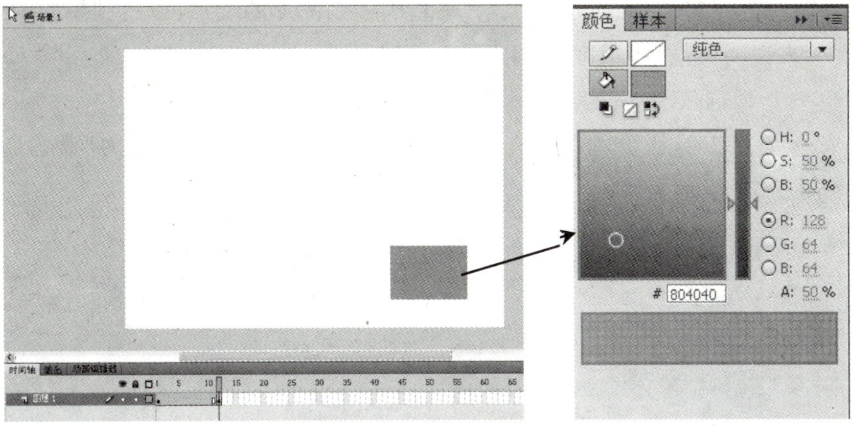

图 5-18 在 12 帧绘制矩形

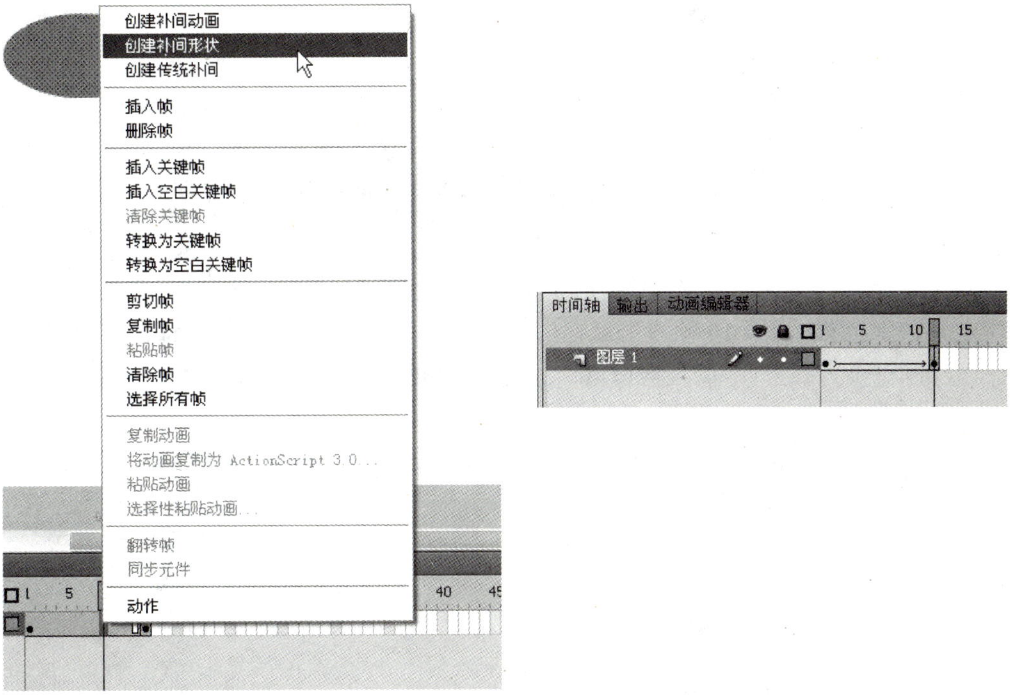

图 5-19 创建补间形状

(5)使用“文件”菜单下的“发布预览”→“flash”命令就可以看到该动画的动画效果。如图 5-20 所示的是第 1 帧、第 4 帧、第 8 帧、第 12 帧时的图像形状。

图 5-20 第 1 帧、第 4 帧、第 8 帧、第 12 帧时的图像形状

以上介绍的形状补间的创建过程是 Flash CS5 自动生成的形状变化，除了 Flash CS5

自动生成的变化外，还可以通过“形状提示”来精确控制图形的变形，以达到想要的效果。下面以一个实例来说明“形状提示”的使用，其步骤如下：

(1)新建一个 Flash CS5 文档。

(2)在舞台上用工具栏上的“文本工具”输入字母“S”，设置其颜色为“蓝色”，字体为“Impact”，如图 5-21 所示。

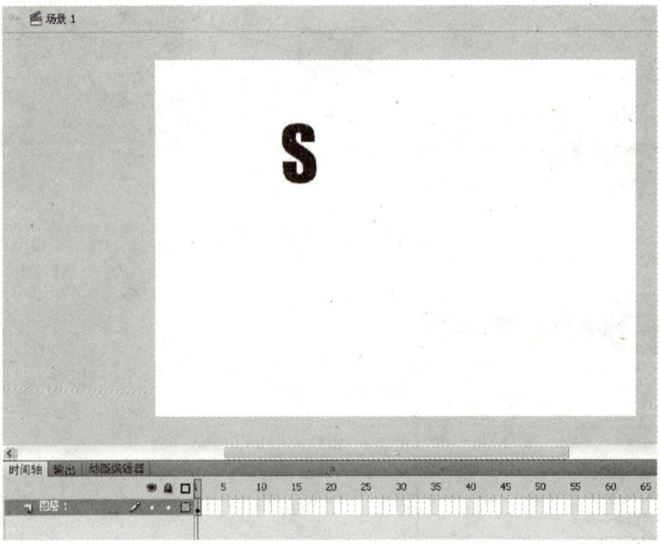

图 5-21　在第 1 帧输入字母“S”

(3)在“时间轴”的第 16 帧右击鼠标，在弹出的对话框中点击“插入空白关键帧”，然后选择工具栏上“文本工具”输入字母“W”，设置其颜色为“黄色”，字体为“Arial”，如图 5-22 所示。

图 5-22　在第 16 帧输入字母“W”

(4)选中第 1 帧字母“S”,执行“修改”→“分离”命令两次,使字母被打散,变成图形,对第 16 帧的字母“W”执行同样的操作,如图 5–23 所示。

图 5–23　被分离的字母“S”和“W”

(5)在第 1 帧至第 16 帧中间点击鼠标右键,选择“创建补间形状”。这时就完成了自动生成的形状变化。其生成后第 1 帧、第 4 帧、第 8 帧、第 12 帧、第 16 帧的帧时的图像形状和位置如图 5–24 所示。

图 5–24　第 1 帧、第 4 帧、第 8 帧、第 12 帧、第 16 帧的帧时的图像形状和位置

(6)选中第 1 帧的字母“S”,选择“修改”菜单下的“形状”→“添加形状提示”命令,在字母“S”上添加形状提示标志,这时会在字母上出现一个红色圆圈的图标ⓐ,把它移动到字母的相应位置;点击第 16 帧,就会发现在字母“W”上也出现了红色圆圈的图标ⓐ,将其移动到相应的位置,移动完成后就会发现第 1 帧的红色圆圈变成了黄色圆圈,第 16 帧的红色圆圈变成了绿色圆圈,如图 5–25 所示。

图 5–25　第 1 帧和第 16 帧上的形状提示标志

(7)重复步骤(6),在这两个帧上再添加两个形状提示标志,如图 5–26 所示。

图 5–26　添加了 3 个形状提示标志的字母

(8)这时完成并测试,生成后第 1 帧、第 4 帧、第 8 帧、第 12 帧、第 16 帧的帧时的图像形状和位置如图 5–27 所示,同图 5–24 对比就会发现区别。

图 5-27　添加了形状提示后第 1 帧、第 4 帧、第 8 帧、第 12 帧、第 16 帧的帧时的图像形状

§5.4　引导层动画

在前面的动画制作过程中，我们不难发现，创建的动画都是沿着直线进行运动的，如果想要物体进行方向的改变就要重新添加新的关键帧，这样比较麻烦，而且物体也不能进行弧线的运动，这时就需要引导层动画来帮忙。

引导层动画，顾名思义，就是让物体沿着引导进行移动，下面我们以一个实例来讲解引导层动画的创建，其步骤如下：

(1)新建一个 Flash CS5 文档。

(2)选择“修改”菜单下的“文档”命令，在弹出的“文档设置”对话框中设置工作区的宽为800 像素，高为 500 像素，如图 5-28 所示。

图 5-28　文档设置

(3)选择“文件” 菜单下的“导入” →“导入到舞台”命令，将背景图像导入到舞台上，并将它贴住舞台的边缘，在图层 1 的第 100 帧的位置插入帧，如图 5-29 所示。

图 5-29　导入背景

★ **小窍门**：可以先不修改 Flash CS5 文件的舞台大小，导入图片到舞台后，选择“修改”

菜单下的“文档”命令，在弹出的“文档设置”对话框中选择“匹配”选项下的“内容”单选项

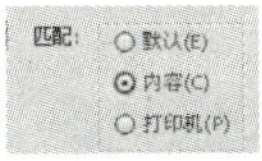

，就可以自动设置舞台为背景图片的大小。

(4)新建一个图层，命名为“企鹅”，并将库中的“企鹅”元件拖放到舞台中，如图 5-30 所示。

图 5-30 建立“企鹅”图层

(5)在“企鹅”图层上单击鼠标右键，选择“添加传统运动引导层”选项，就为企鹅图层添加了一个“引导层”，如图 5-31 所示。

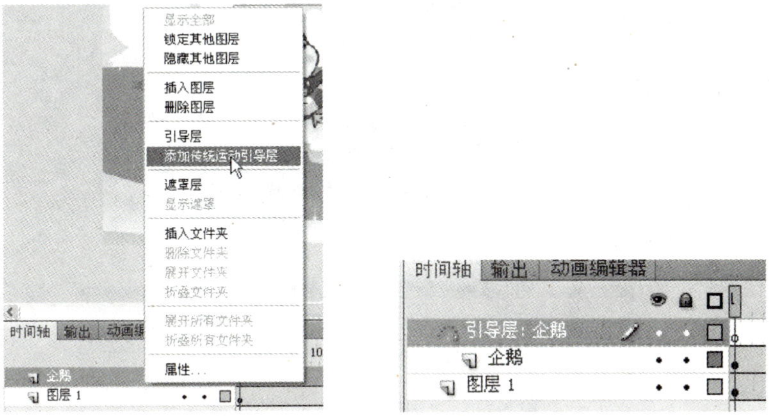

图 5-31 为“企鹅”图层添加引导层

(6)在“引导层”图层用“铅笔工具”画出一条引导线，如图 5-32 所示。

图 5-32 画引导线

(7)在“企鹅”图层第 1 帧、第 100 帧处插入关键帧，然后单击工具栏上的“紧贴至对象”按钮，并分别调整“企鹅”元件的位置和大小，如图 5-33 所示。

甲 第 1 帧时　　　　乙 第 30 帧时

图 5-33　企鹅的位置和大小

需要注意的是，在调整“企鹅”元件的位置时，“企鹅”元件的中心要在引导线上。

(8)在“企鹅”图层第 1 帧和第 100 帧的任一位置单击鼠标右键，选择“创建传统补间”，如图 5-34 所示。

图 5-34　“传统补间”动画的创建

(9)使用“文件”菜单下的“发布预览”→“flash”命令就可以看到该动画的动画效果。

§5.5　遮罩层动画

遮罩效果一般用在探照灯效果或者滚动字幕的效果中，它只在某个特定的位置显示图像，而在其他位置不显示图像的一种效果。

起遮罩效果的图层一般被称为“遮罩层”。遮罩层和其他图层一样可以在帧里进行绘图，但只有在有图像的位置才能被显示出来，在没有图像的位置就什么都没有显示。下面通过一个实例来介绍遮罩层动画的制作过程，其步骤如下：

(1)新建一个 Flash CS5 文档，背景为白色。

(2)选择“文件” 菜单下的“导入” →“导入到舞台”命令，导入背景图片，并调整图片的大小，其效果如图 5-35 所示，并将该图层的帧延长到第 30 帧。

图 5-35　导入背景图

(3)新建一个图层，命名为“文本”，使用工具栏上的“文本工具”，输入相应的文本，设置文字字体为“宋体”，大小为“30”，其效果如图 5-36 所示。

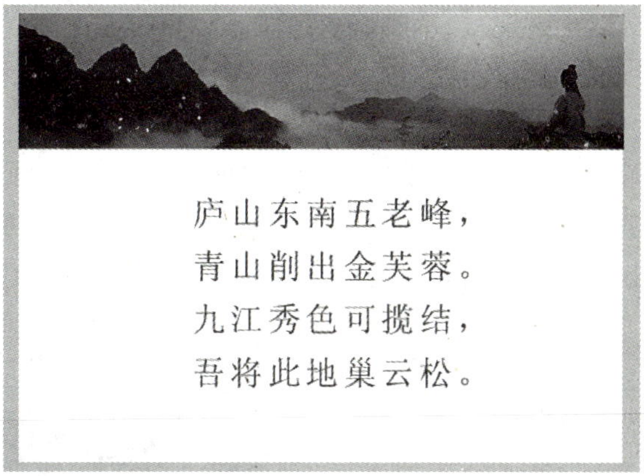

图 5-36　输入文本

(4)新建一个图层，命名为“遮罩”，使用“插入”菜单下的“创建新元件”命令，在弹出的对话框中选择“图形”选项，如图 5-37 所示。

图 5-37　新建“遮罩”元件

(5)在元件编辑窗口中，绘制一个矩形，线条填充色为“无”，颜色填充色为“渐变”。其最终效果如图 5–38 所示。

图 5–38　“遮罩”元件

(6)在“遮罩”图层上将“遮罩”元件拖放到舞台中间，调整图层的顺序，将“文本”图层置于“遮罩”图层上方，如图 5–39 所示。

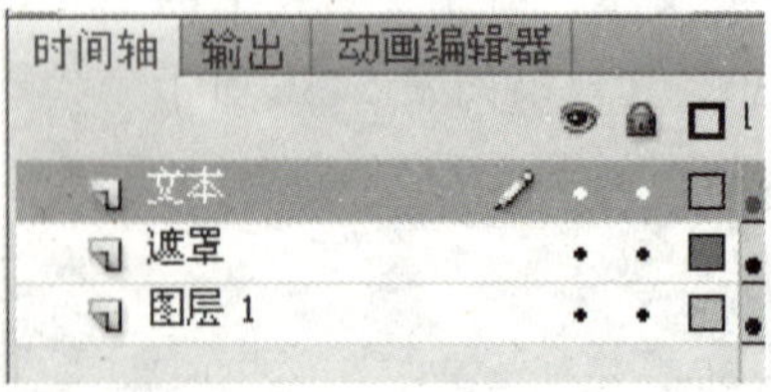

图 5–39　图层顺序

(7)在“遮罩”图层的第 1 帧、第 30 帧分别插入关键帧，并调整两个帧的“遮罩”元件的位置，其效果如图 5–40 所示，在“遮罩”图层创建第 1 帧至第 30 帧的补间。

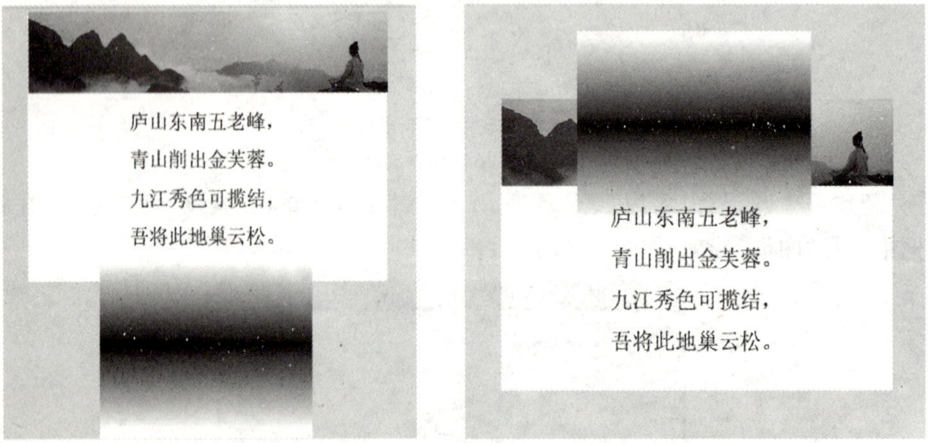

甲 第 1 帧时　　　　乙 第 30 帧时

图 5–40　“遮罩”元件的位置

(8)在“文本”图层上单击鼠标右键，选择“遮罩层”，便会完成遮罩动画的制作，如图 5-41 所示。

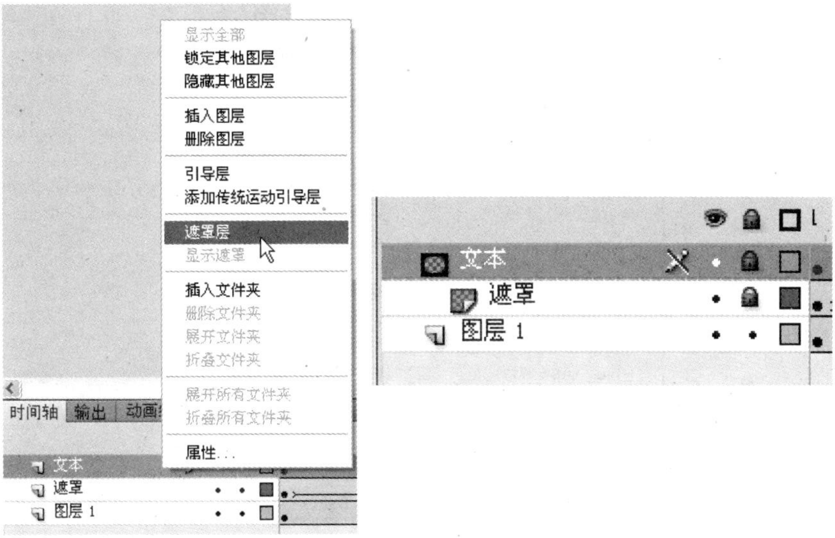

图 5-41　完成“遮罩”

(9)使用“文件”菜单下的“发布预览” →“flash”命令就可以看到该动画的动画效果，如图 5-42 所示。

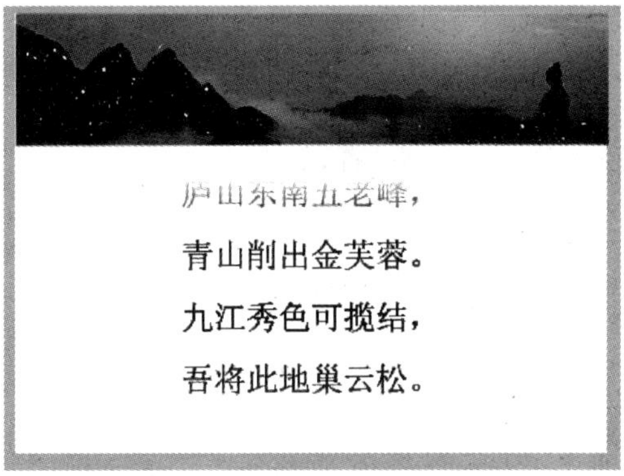

图 5-42　“遮罩”的效果

§5.6　动画的发布

Flash CS5 文件可以根据开放式标准，生成各种格式的文件，除了 Flash CS5 播放的文件格式 swf 外，还有 gif、jepg、png、bmp、exe 和 avi 等格式文件。

在发布影片之前，先调用“文件”菜单下的“发布设置”命令，这时就会弹出“发布设置”对话框，如图 5-43 所示，在该对话框中选择到一个选项时，就会在“格式”选项卡后面出现相应格式的选项卡("Windows 放映文件"格式和"Macintosh 放映文件"格式除外),在选项卡里可以为相应的文件进行设置;设置完成后点击确定就可以保存相应的设置。这里对最常用的"Flash"选项、"GIF"选项和"HTML"选项进行详细的介绍。

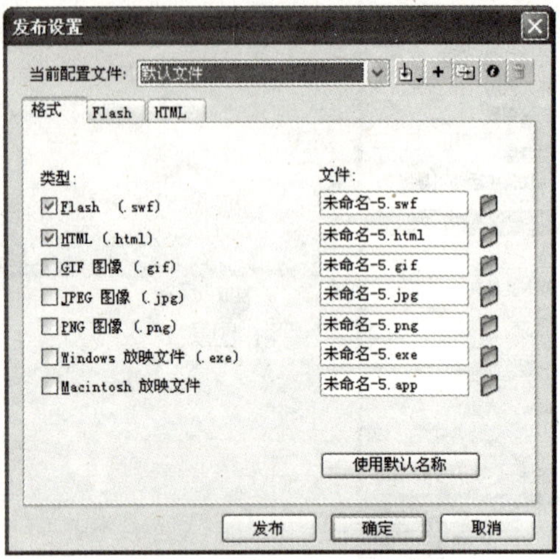

图 5-43 "发布设置"对话框

§5.6.1 "Flash"选项

点击"Flash"选项卡,就可以看到"Flash"的"发布设置"选项,如图 5-44 所示。

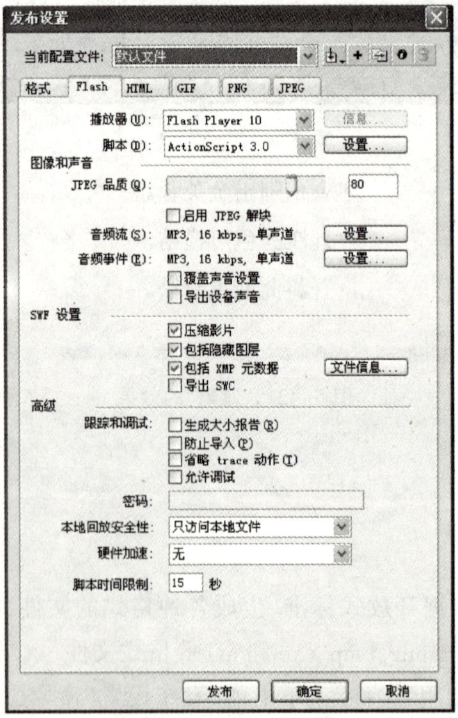

图 5-44 "Flash"选项卡

(1)“播放器”选项,用于设置 Flash 作品的版本,但是高版本的文件不能设置低版本的播放器。

(2)“脚本” 选项, 在后面的菜单中设置脚本的版本, 可选择 ActionScript 1.0、ActionScript 2.0 和 ActionScript 3.0。

(3)“JPEG 品质”选项,该选项用于确定动画中所有位图以 jpeg 文件格式压缩保存时的压缩比,该选项的设置可以改变文件的所占空间大小,当其值较小时,Flash 文件就会占用比较小的空间。

(4)“音频流”和“规律音频事件”选项,分别用于设置导出的音频和音频事件的取样率及压缩比等方面。如果该动画没有声音,那么这个选项的设置将不起作用。

(5)“覆盖声音设置”选项,对声音的大小和保真度进行控制,可以产生大的高保真效果,也可以产生小的低保真效果。

(6)“导出设备声音”选项,用于导出适合于设备的声音,从而代替原始的库文件中的声音。

(7)“压缩影片”选项,该选项默认被选中,它可以压缩 Flash 动画,从而减少文件大小和下载时间。

(8)“包括隐藏图层”选项,该选项可以用于设置是否在发布的时候导出隐藏图层。

(9)“包括 XMP 元数据”选项,该选项可以用于设置是否在发布的文件中包括元数据。

(10)“导出 SWC”选项,用于导出 swc 文件,这个文件用于分发组件。

(11)“生成大小报告”选项,如果选中该选项就可以生成一个文本文件,这个文件可以缩小文件体积的大小。

(12)“防止导入” 选项, 选中该选项时, 可以防止动画被放置到网络上被他人下载到 Flash 教程进行编辑。

(13)“省略 trace 动作”选项,选中该选项时,Flash 动画会自动忽略当前动画中的 Trace 语句。

(14)“允许调试”选项,选中该选项时,将允许远程调试 Flash 动画。

(15)“密码”选项,如果选择了“允许调试”和“防止导入”选项,在此输入密码,那么在没有密码的情况下是不能调试和导入 swf 文件的。

(16)“本地回放安全性”选项,可以对授予已发布的 swf 文件本地安全性访问权。

(17)“硬件加速”选项,此选项可以设置 swf 文件,能够使用硬件加速模式。

(18)“脚本时间限制”选项,此选项可以设置脚本在 swf 文件中执行时可占用的最大时间量。输入数值后,Flash 在播放该动画时将自动取消超出限制的任何脚本。

§5.6.2 “GIF”选项

点击“Flash”选项卡,就可以看到“GIF”的“发布设置”选项,如图 5-45 所示。

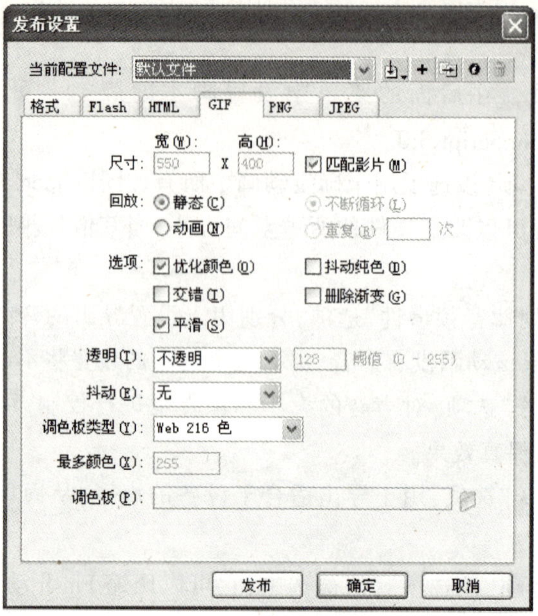

图 5-45 “GIF”选项卡

(1)“尺寸”选项，用于设置输出图形宽和高的尺寸，如果选中后面的“匹配影片”选项时，前面输入的数字将无效。

(2)“回放”选项，用于确定输出的图形是静态的还是动态的。当选择动态图形时，还可以设置动画的循环次数。

(3)“选项”选项，用于设置有关 gif 文件的外观。

(4)“透明”选项，用于确定动画中的背景和透明度在生成的 gif 文件中如何转换，有“透明”和“不透明”两个选项。

(5)“抖动”选项，用于确定对图形中的颜色进行如何处理。

(6)“调色板类型”选项，指定图形用到的调色板，有“Web216 色”“最适合”“接近 Web 最适色”和“自定义”四个选项。

(7)“最多颜色”选项，用于设置图形中用到的颜色数，当其数值较小时，生成的图片会比较小，但颜色会失真。

§5.6.3 “HTML”选项

如果需要在 Web 浏览器中放映 Flash 影片，就需要创建一个用来启动和设置影片的 HTML 文档，在“发布”命令下，可以自动生成所需的 HTML 文档。设置它可以点击“HTML”选项卡，就可以看到 HTML 的“发布设置”选项，如图 5-46 所示。

(1)“模板”选项，用于设定使用何种已安装的模板，所有已安装的模板都在下拉菜单的选项中可以看到。

(2)“尺寸”选项，用于设置在生成文档的 OBJECT 标签中的高度和宽度，它可以设定为

"匹配影片""像素"和"百分比"。其中"匹配影片"选项表示与影片的大小相同,而"像素"和"百分比"选项都可以在下面的文本框中输入相应的数值。

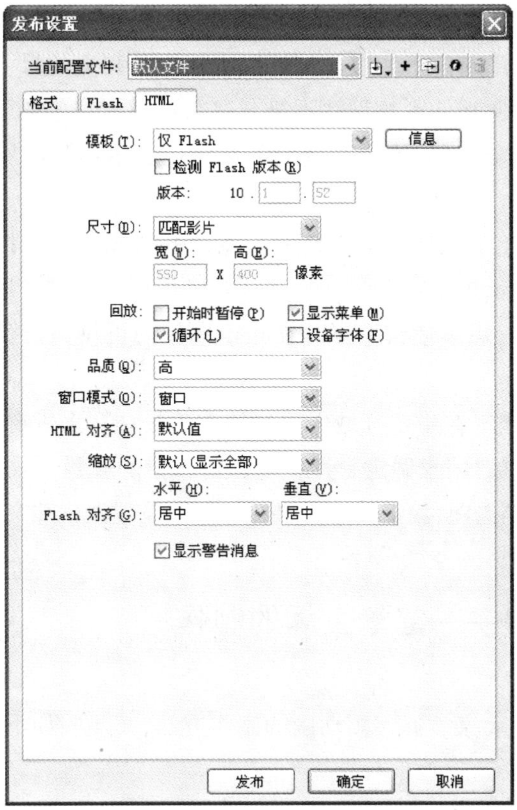

图 5-46 "HTML"选项卡

(3)"回放"选项,用于设置影片在网页中的播放属性,包括循环、播放、菜单等参数,它包括以下四个选项:

①"开始时暂停"选项,表示当影片加载到 Web 浏览器后,将暂停播放,用户可以单击鼠标或者点击"Play"来开始影片的播放;

②"循环"选项,用于设置影片是否重复播放;

③"设备字体"选项,用于设置是否使用平滑的字体替换影片中已设定但本机中未安装的字体在影片中显示;

④"显示菜单"选项,用于设置影片播放时点击鼠标右键是否可以弹出快捷菜单。

(4)"品质"选项,用于确定平滑边缘的效果。它有"自动降低""自动升高""中""低""高""最佳"六个选项,不同的模式确定了播放的品质,但品质越高、画面越清晰,但在 Web 浏览器中加载的速度也就越慢。

(5)"窗口模式"选项,这个选项仅在安装了 Flash Active X 控件的 Internet Explorer 中起作用,它可以设置影片播放时的透明度和位置。它有"窗口""不透明无窗口"和"透明无窗口”三个选项，其中“窗口”选项是播放速度最快的一项。

(6)“HTML 对齐”选项，用于设置影片在浏览器窗口中的位置。它有“默认”“左对齐”“右对齐”“顶部”“底部”五个选项。

(7)“缩放”选项，用于确定影片被如何放置在指定长和宽的尺寸区域中，这个设置只有在输入长和宽的尺寸与原来的影片尺寸不符合时起作用。它包括以下四个选项：

①“默认(全部显示)”选项，用于在指定的区域中显示影片的所有内容，并保持原有的长宽比；

②“无边框”选项，用于维持原有影片的长宽比的情况下填充指定区域，这就有可能使影片的某些部分不能显示出来；

③“精确匹配”选项，用于使整个影片在指定区域内可见，这就有可能导致原来的影片变形；

④“无缩放”选项，用于在指定区域内保持原来的长和宽来进行填充。

(8)“Flash 对齐”选项，用于确定影片在电影窗口中的放置方式。

(9)“显示警告信息”选项，用于确定如果在标签上设置发生冲突，是否显示出错消息框。

§5.7 综合实例 1——笔笔生辉的制作

这个实例主要是让大家掌握逐帧动画的制作方法，其步骤如下：

(1)新建一个 Flash CS5 文档。

(2)选择“文件”菜单下的“保存”命令，在弹出的对话框中输入文件名“笔笔生辉”，并选择保存的路径，单击“保存”按钮。

(3)使用传统文本输入“风”字，调整其大小、字体，并调整为繁体字，使用“修改”菜单下的“分离”命令，将文字分离为图形，如图 5-47 所示。

图 5-47 插入“风”字

(4)在第 25 帧的位置插入关键帧，然后将第 2 帧至第 24 帧都转换为关键帧，如图 5-48 所示。

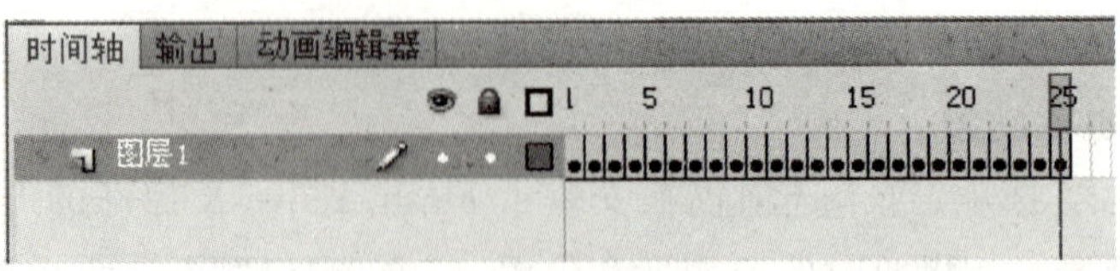

图 5-48 第 2 帧至第 24 帧都转换为关键帧

(5)在第 24 帧的位置用“橡皮擦工具”擦除一部分图形,如图 5–49 所示。

图 5–49　第 24 帧的图形

(6)依次类推,将每一帧的图形都比后一桢的图形多擦除一部分图形,一直到第 1 帧的图形上擦除所有的图形,如图 5–50 所示就是第 5 帧、第 10 帧、第 15 帧、第 20 帧上的图形样式。

图 5–50　第 5 帧、第 10 帧、第 15 帧、第 20 帧上的图形

(7)新建一个图层,命名为“毛笔”。选择“文件”菜单下的“导入” →“导入到库”命令,导入一只毛笔的图片,如图 5–51 所示。

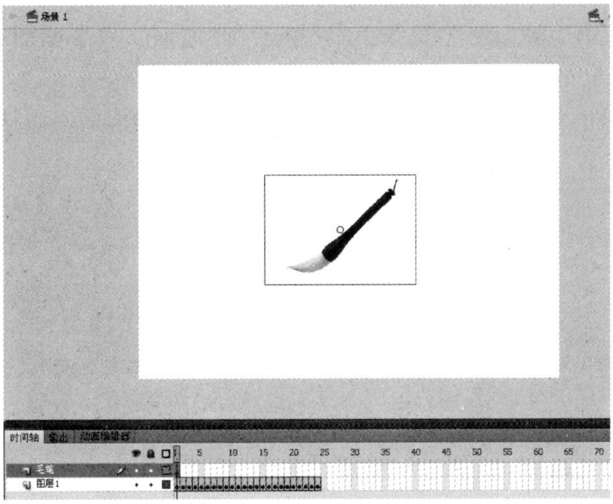

图 5–51　插入“毛笔”图形

(8)将“毛笔”图层上的第 1 帧至第 25 帧都插入关键帧,然后移动每帧上的毛笔图形到字的末端,如图 5–52 所示就是第 5 帧、第 10 帧、第 15 帧、第 20 帧上的图形样式。

图 5–52　插入“毛笔”图形后第 5 帧、第 10 帧、第 15 帧、第 20 帧上的图形

(9)在这两个图层上，第 60 帧的位置插入帧，将动画延续到第 60 帧，并将“毛笔”图层第 26 帧的位置转换为空白关键帧，如图 5-53 所示。

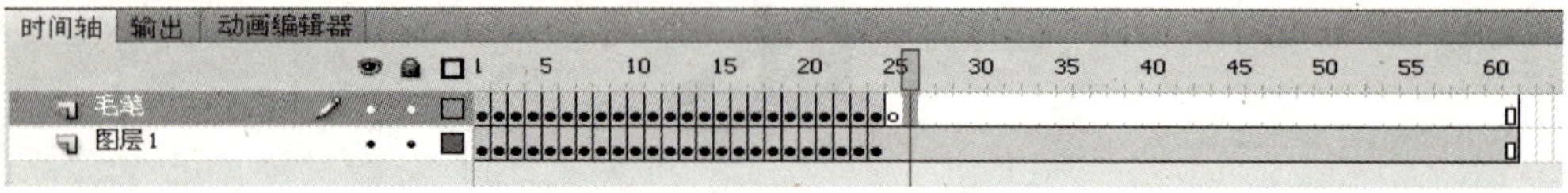

图 5-53　最终的图层样式

(10)使用“文件”菜单下的“发布预览” →“flash”命令就可以看到该动画的动画效果。

§5.8　综合实例 2——滚动的小球的制作

这个实例主要是让大家掌握传统补间动画的制作方法，并适当地使用“缓动”和“旋转”。

滚动的小球，其制作步骤如下：

(1)新建一个 Flash CS5 文档。

(2)选择“文件”菜单下的“保存”命令，在弹出的对话框中输入文件名“滚动的小球”，并选择保存的路径，单击“保存”按钮。

(3)在图层 1 的第 1 帧，使用“直线工具”＼绘制“地面”，效果如图 5-54 所示。

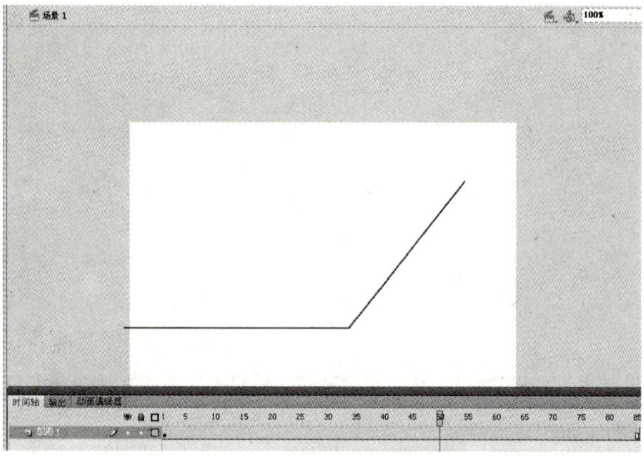

图 5-54　“地面”的绘制

(4)选择“插入”菜单下的“创建新元件”，新建一个名为“小球”的图形元件，并使用“椭圆工具”在编辑区绘制一个小球，如图 5-55 所示。

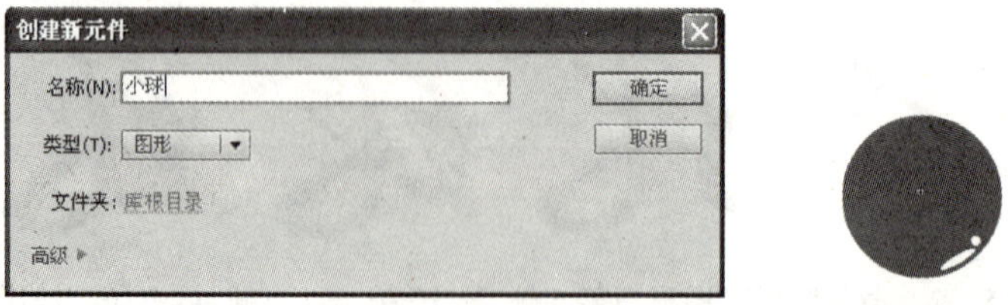

图 5-55　“小球”元件

(5)回到场景 1,新建一个图层,命名为“滚动的小球”。将“小球”元件拖放到舞台上,并在“滚动的小球”图层的第 20 帧、第 40 帧、第 60 帧、第 80 帧上插入关键帧,如图 5-56 所示。分别调整每一个关键帧上小球的位置,如图 5-57 所示就是第 1 帧、第 20 帧、第 40 帧、第 60 帧、第 80 帧的场景。

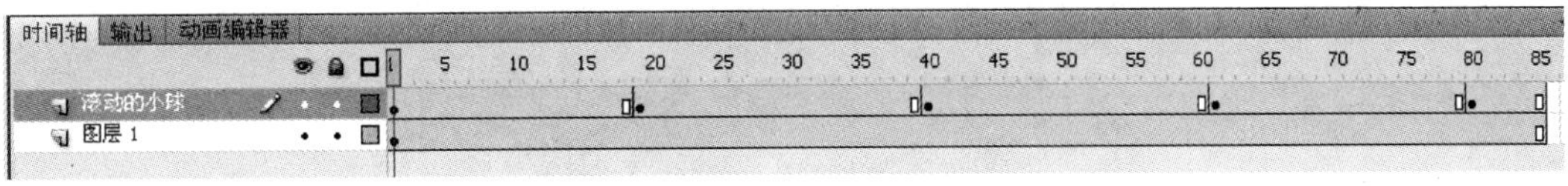

图 5-56　新建“滚动的小球”图层

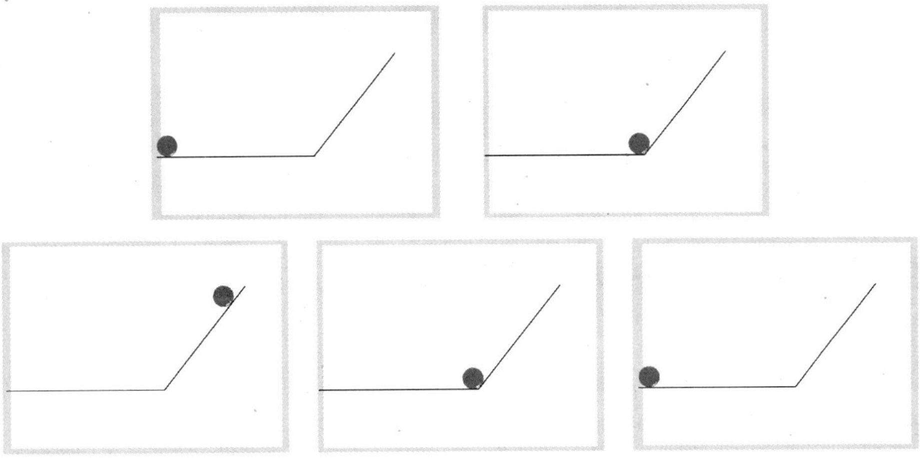

图 5-57　第 1 帧、第 20 帧、第 40 帧、第 60 帧、第 80 帧的场景

(6)在“滚动的小球”图层上第 1 帧至第 20 帧、第 20 帧至第 40 帧、第 40 帧至第 60 帧、第 60 帧至第 80 帧之间分别点击鼠标右键,创建“传统补间动画”,如图 5-58 所示。

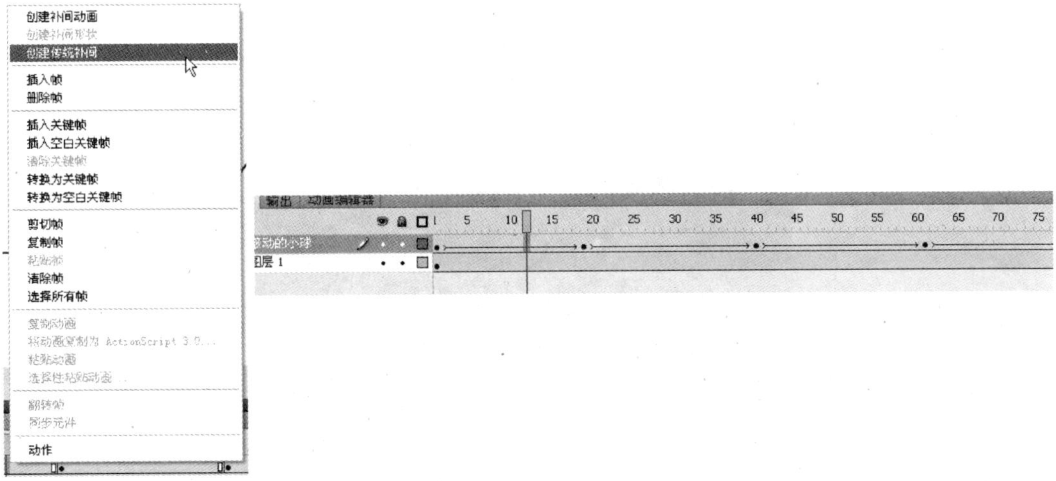

图 5-58　创建“传统补间动画”

(7)点击选中“补间”,然后在“属性”面板中设置“缓动”和“旋转”,如图 5-59 所示为“补

间”的“属性”面板，具体设置如下。

第 1 帧至第 20 帧：缓动为“0”，旋转为“顺时针，2 次”。

第 20 帧至第 40 帧：缓动为“100”，旋转为“顺时针，2 次”。

第 40 帧至第 60 帧：缓动为“-100”，旋转为“逆时针，2 次”。

第 60 帧至第 80 帧：缓动为“0”，旋转为“逆时针，2 次”。

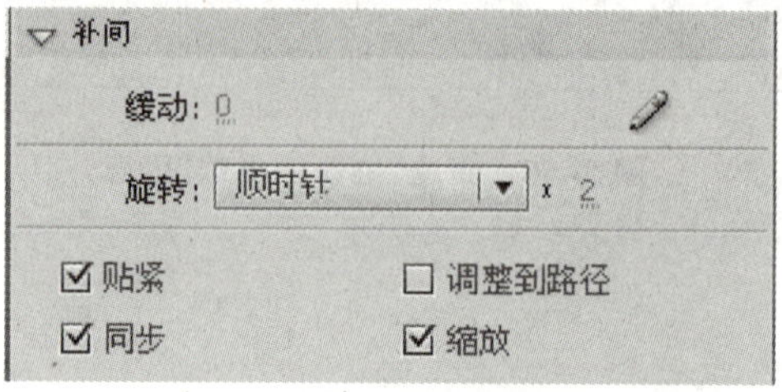

图 5-59 “补间”的“属性”面板

(8)使用“文件”菜单下的“发布预览”→“flash”命令就可以看到该动画的动画效果。

§5.9 综合实例 3——动画背景的美化

这个实例主要是让大家掌握使用“影片剪辑”元件创建动画。

动画背景的美化，其制作步骤如下：

(1)打开 Flash CS5 文档。

(2)选择“文件”菜单下的“打开”命令，打开第 3 章制作的“动画背景.fla”文件，并清除“青草”图层上的所有元件，如图 5-60 所示。

图 5-60 清除了“草”元件的“动画背景”文件

(3)选择“插入”菜单下的“创建新元件”按钮，新建一个名为“摆动的草”影片剪辑元件，如图 5-61 所示。

图 5-61　新建"摆动的草"影片剪辑元件

(4)在"摆动的草"影片剪辑编辑器中,拖入"草"元件,并使用"任意变形工具"将"草"元件的旋转原点移动到"草"的根部,如图 5-62 所示。

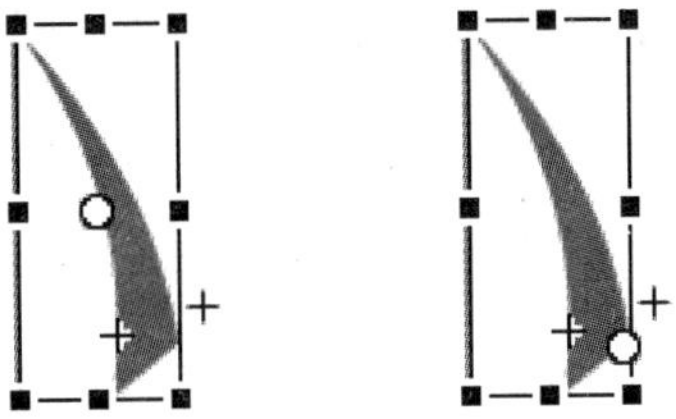

图 5-62　改变"草"元件的旋转原点

(5)在图层的第 7 帧、第 15 帧上插入关键帧,如图 5-63 所示。

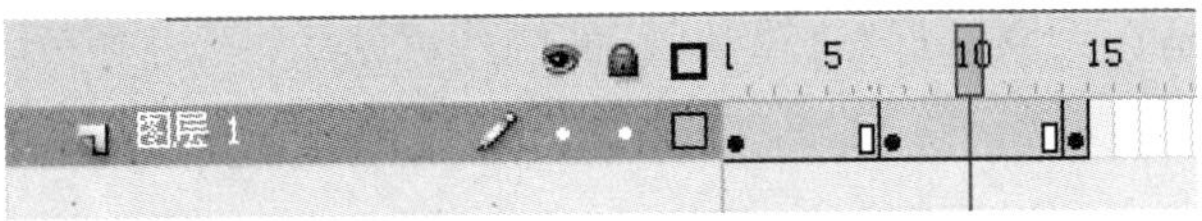

图 5-63　插入关键帧的图层

(6)使用"任意变形工具"改变第 7 帧上草的形状,如图 5-64 所示。

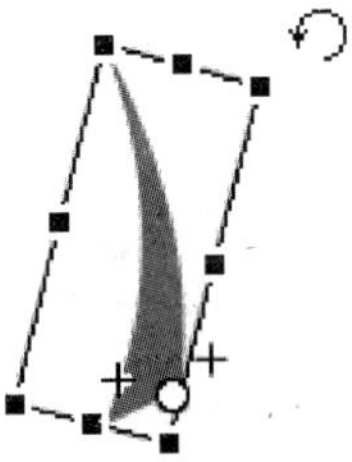

图 5-64　第 7 帧"草"元件的形状

(7)在第 1 帧至第 7 帧、第 8 帧至第 15 帧创建"传统补间动画",如图 5-65 所示。

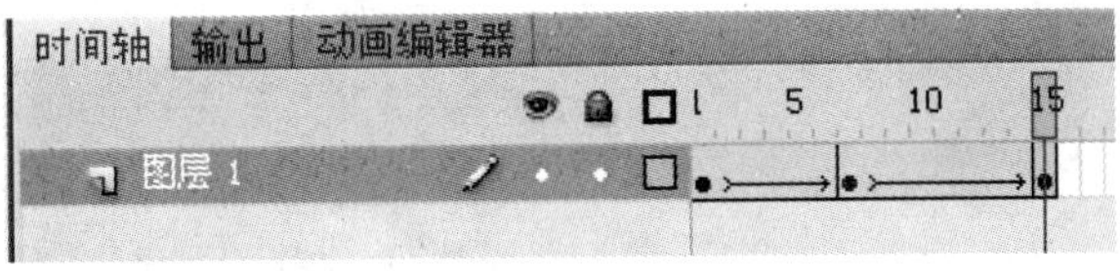

图 5-65　创建"传统补间动画"

(8)回到场景 1,将"摆动的草"影片剪辑元件一一拖放到舞台上,并改变每个元件的位置和大小,最终效果如图 5-66 所示。

图 5-66 将“摆动的草”影片剪辑元件拖放到舞台

(9)使用“文件”菜单下的“发布预览”→“flash”命令就可以看到该动画的动画效果。

§5.10 综合实例 4——潺潺水流的制作

这个实例主要是让大家掌握“遮罩动画”的制作方法。

潺潺水流的制作步骤如下：

(1)新建一个 Flash CS5 文档。

(2)选择“文件”菜单下的“保存”命令，在弹出的对话框中输入文件名“潺潺水流”，并选择保存的路径，单击“保存”按钮。

(3)选择“文件”菜单下的“导入”→“导入到舞台”命令导入外部图片到舞台，并将该图片放置到文件的图层 1，如图 5-67 所示。

图 5-67 导入外部图片到舞台

(4)选择“插入”菜单下的“创建新元件”命令，新建一个名为“遮罩”的图形元件，如图 5-68 所示，并在编辑器中使用“矩形工具”画出如图 5-69 所示的图形。需要注意的是，设置矩形的边线为“无”。

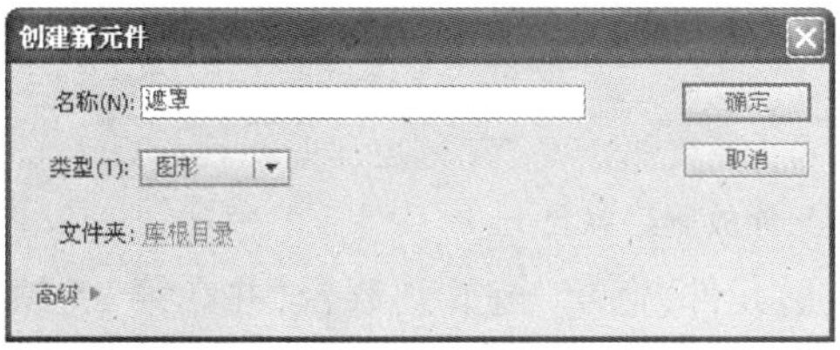

图 5-68　新建“遮罩”图形元件

图 5-69　“遮罩”元件

(5)再次新建一个图形元件，命名为“流水”。将导入的位图图形拖放到元件编辑界面中，并使用“修改”菜单下的“位图”→“转换位图为矢量图”命令，将图形转换为矢量图，如图 5-70 所示。

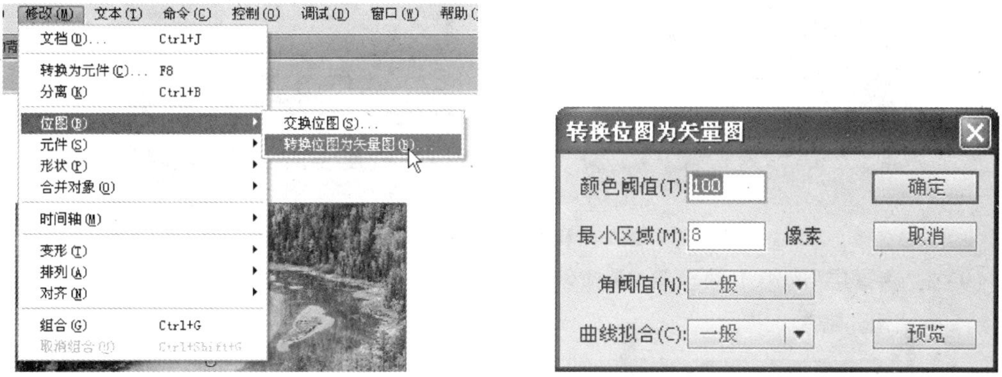

图 5-70　将位图转换为矢量图

(6)使用“索套工具”将矢量图中的流水部分选取出来，并删除其余图像，如图 5-71 所示。

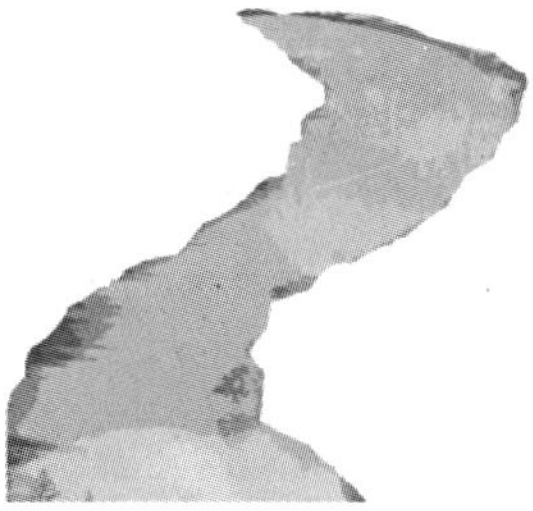

图 5-71　选取“流水”部分

(7)返回场景 1，新建一个图层，命名为“流水层”。将图形元件“流水”拖放到舞台上，与图层 1 中流水部分重合，并且在“属性”面板中降低“流水”元件的透明度为 50%，如图 5-72 所示。

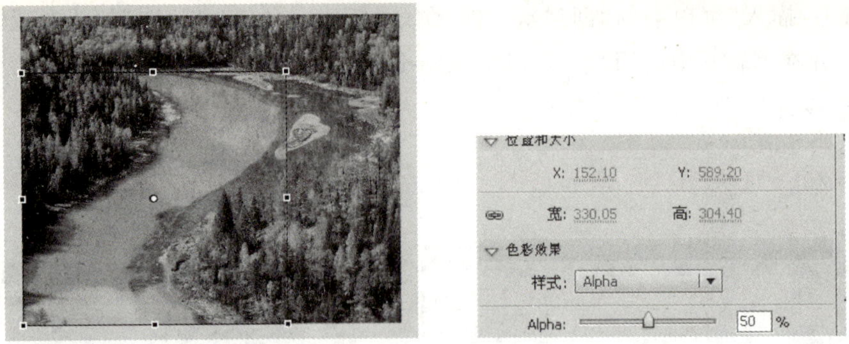

图 5-72　将“流水”元件放置到舞台上

(8)新建一个图层,命名为“遮罩层”,将图形元件“遮罩”拖放到舞台,并在第 25 帧的位置插入关键帧,然后将图层 1 和流水层的内容也延长到第 25 帧。移动“遮罩”元件的位置,使得第 1 帧和第 25 帧“遮罩”元件的位置,如图 5-73 所示。

图 5-73　第 1 帧和第 25 帧“遮罩”元件的位置

(9)在“遮罩层”的第 1 帧至第 25 帧创建“传统补间动画”, 如图 5-74 所示。

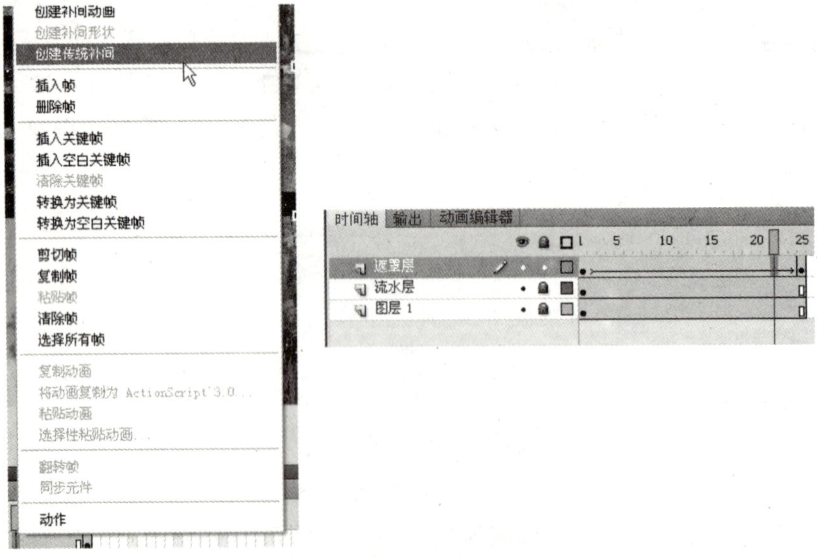

图 5-74　创建“传统补间动画”

(10)在“遮罩层”上单击鼠标右键,在弹出的菜单中选择“遮罩层”,就可以建立遮罩动画的效果,如图 5-75 所示。

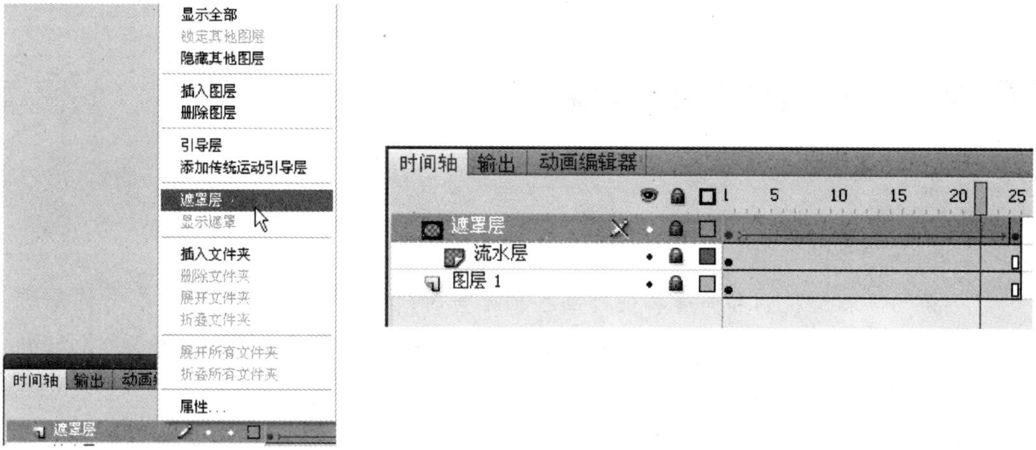

图 5-75 建立遮罩效果

(11)使用“文件”菜单下的“发布预览” →“flash”命令就可以看到该动画的动画效果。

练习题

1.图层的属性包括哪几个方面?

2.如何改变图层的叠放顺序?

3.简述创建、删除引导层的方法。

4.简述创建、删除遮罩层的方法。

5.如何创建补间动画?

6.传统动画和补间动画有何异同?

7.动手操作:制作一个小球从左向右做抛物线运动的动画,小球运动的距离不限。

8.动手操作:制作弹跳的小球。

要求:使小球渐变色填充,有立体感的效果;小球开始从上向下运动时渐快,从下向上运动时渐慢;小球落地时要有弹地的压扁效果。

9.动手操作:利用遮罩动画制作一个放大镜的效果。

第 6 章　为动画添加多媒体

为动画添加视频和声音将使动画告别无声时代，使作品更加生动。本章将介绍在 Flash CS5 中如何导入声音文件、编辑声音文件、对声音进行优化和输入、导入视频文件、对视频对象进行编辑操作等。

重点难点：

❖掌握 Flash CS5 动画中外部图片的使用。

❖掌握向 Flash CS5 动画中导入和添加声音的方法。

❖掌握为 Flash CS5 动画添加视频的方法。

❖了解对视频对象的简单设置。

§6.1　外部图片的使用

§6.1.1　外部图片的导入

Flash CS5 文件可以使用外部的矢量图和位图格式，从而使动画更加丰富、美观，Flash CS5 可以识别多种格式的图片，如 bmp、jpg、png、gif 等。在前面的章节中我们已经将外部图片导入到 Flash CS5 中进行使用，这里就简单叙述 Flash CS5 调用图片的步骤：

(1)选择“文件”菜单下的“导入” →“导入到库”(或使用“导入到舞台”菜单命令)，就会弹出如图 6-1 所示的对话框。

(2)在对话框中选择需要导入的图片，并点击“打开”命令，就会将所需的图片导入到 Flash CS5 文件中来(如果选择的是导入到舞台命令，那么这幅图片会同时出现在舞台上)，这样就完成了图片导入。当碰到连续的图片时，系统还会提示是否导入连续图片的提示(该内容在“逐帧动画”章节中已经详细叙述过，这里就不再赘述)。

§6.1.2　矢量图的使用

当外部图片被导入到 Flash CS5 中后，它就会变成矢量图，在库面板上以图标显示(元

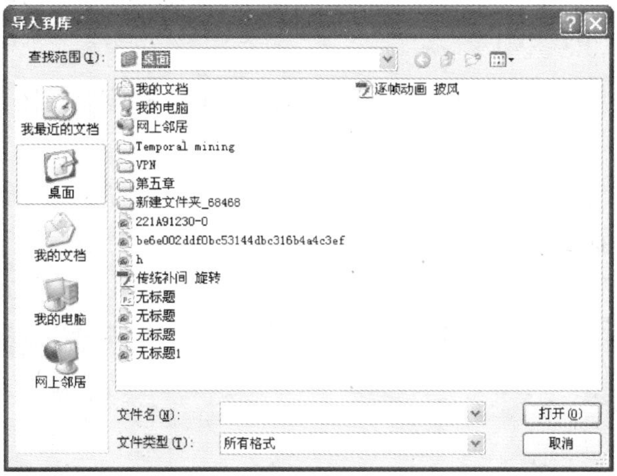

图 6-1　“导入到库”对话框

件在库面板上显示的图标为)。矢量图被拖入到舞台上后，不能对其进行颜色的编辑，例如想要擦出图片的一部分、改变其颜色等是无法做到的，如图 6-2 所示。

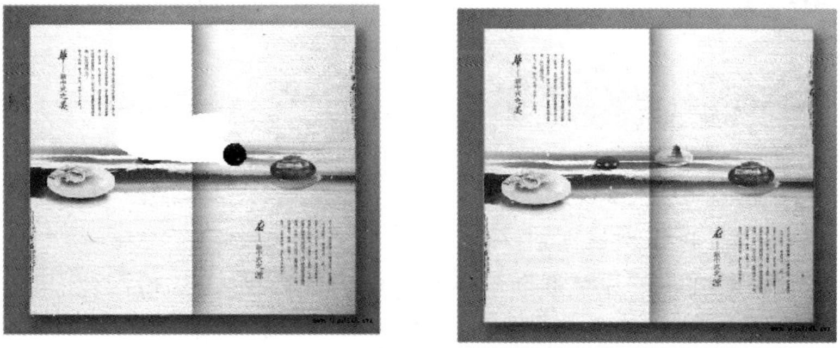

甲 使用橡皮擦时　　　　乙 放开鼠标后

图 6-2　对矢量图进行擦除

那么，如果想要对导入的图片进行修改，我们就需要对矢量图进行处理。选中需要修改的矢量图，选择“修改”菜单下的“分离”命令，就会看到原本整个被选中的图片变成了密密麻麻的小点，如图 6-3 所示。这时就可以对该图片进行修改、擦除、填充等操作。

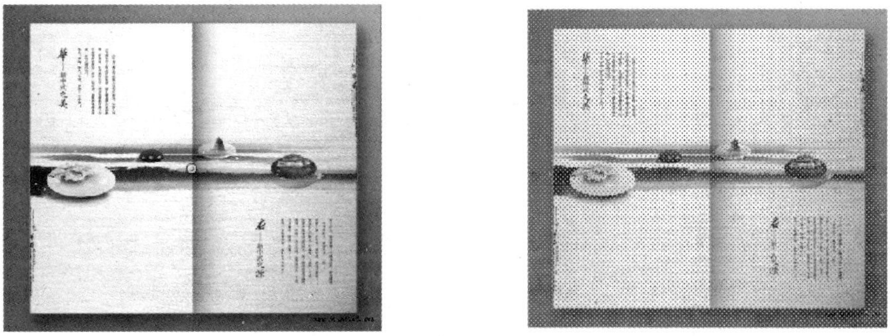

甲 分离前　　　　乙 分离后

图 6-3　分离前后的矢量图

§6.1.3 “位图填充”的使用

除了可以单独使用外部图片外，还可以使用外部图片对绘制的图片进行填充，其步骤如下：

(1)打开“颜色”面板，在“类型”下拉菜单中选择“位图填充”选项，如图 6-4 所示。当库面板中没有任何位图存在时，就会弹出如图 6-1 所示的“导入到库”对话框；如果库面板中存在有位图或已经从外部导入了图片，颜色面板就会变成如图 6-5 所示的样式。

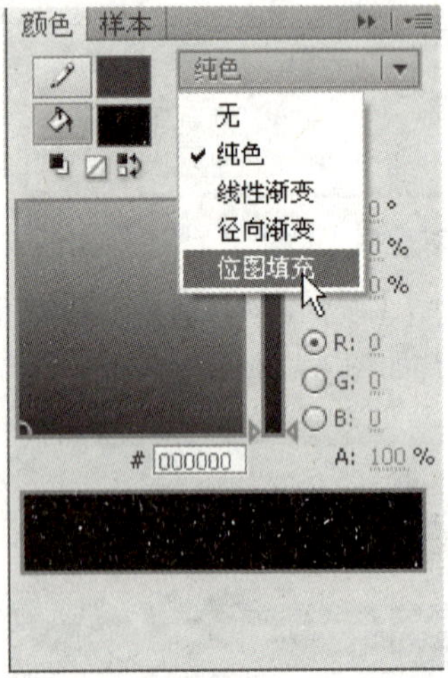

图 6-4 选择“位图填充”

图 6-5 “位图填充”

(2)这时我们会看到在填充色后面的缩略图中，有前面导入的位图，如果要使用该图就可以直接进行填充，如果还需要从外部导入图片，就选择该面板上的“导入”按钮继续从外部文件中选取所需的文件。

这样我们就可以使用外部图片对所绘制的图形进行相应的填充。

§6.2 音频的使用

Flash CS5 本身不能录音，要使用声音只有通过外部的音频导入。Flash CS5 提供了许多使用声音的方法，可以使声音独立与“时间轴”连续播放，还可以使动画和一个音轨同步播放。

§6.2.1 导入音频文件

一般来讲，Flash CS5 能导入的音频文件包括 wav、aiff 和 mp3 等格式的文件。如果系统安装了 QuickTime 软件，它还可以导入 Sound Designer Ⅱ、System 7 等声音。

当音频文件被导入到 Flash CS5 后，它将与位图、元件一样被保存到库面板中，当需要使用时将其从库面板中拖放到建立的声音图层上即可。导入音频文件的步骤如下：

(1)选择“文件”菜单下的“导入”→“导入到库”命令,然后在弹出的对话框中选择需要的音频文件。

(2)导入结束后,就可以在“库”面板中看到声音文件,如图 6-6 所示,这也完成了音频文件的导入。

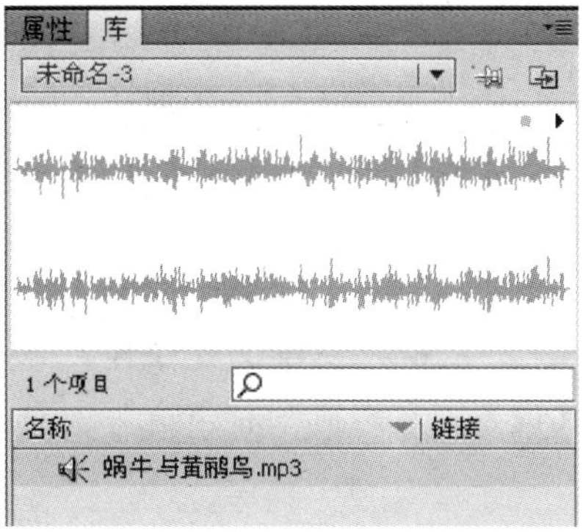

图 6-6 保存在库面板上的“声音”文件

§6.2.2 音频的添加

音频文件被导入到库中后,要使用它可通过以下步骤:

(1)为声音文件建立一个图层,并为其命名为“声音”,然后在该图层上添加一个关键帧作为声音开始的位置,如图 6-7 所示,这里我们选择了第 10 帧作为声音的起始点。

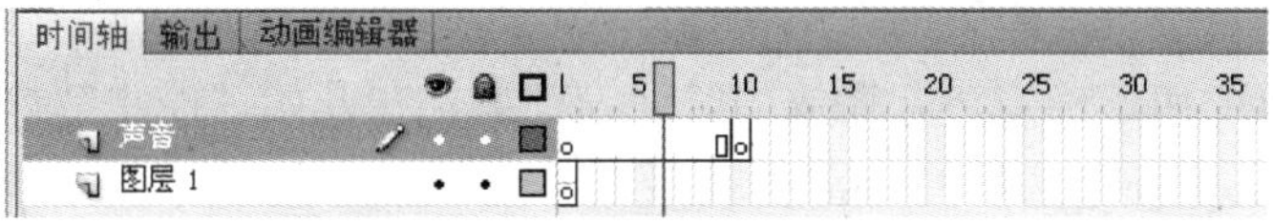

图 6-7 为“声音”添加开始位置

(2)选中这一帧,打开“属性”面板,可以看到在“属性”面板中有“声音”选项卡,如图 6-8 所示。

图 6-8 帧“属性”面板上的“声音”选项卡

(3)在“声音”选项卡中，进行如下设置。

①“名称”选项，用于选择需要插入的声音文件，如图 6-9 所示，在下拉菜单中有已经导入到库的“声音”文件，选择其中一个。

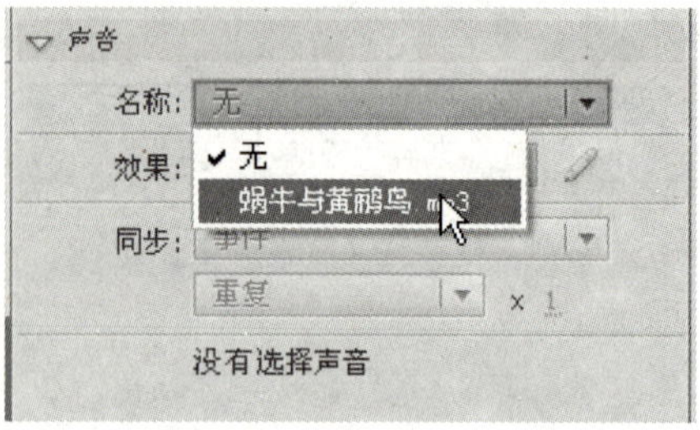

图 6-9　选择“声音”文件

②“效果”选项，用于为其设置 “左声道”“右声道”“向右淡出”“向左淡出”“淡入”“淡出”“自定义”等选项。

左声道：表示只在左声道播放声音，右声道不发声音。

右声道：表示只在右声道播放声音，左声道不发声音。

向右淡出：使声音的播放从左声道移到右声道。

向左淡出：使声音的播放从右声道移到左声道。

淡入：声音播放期间逐渐增大声音。

淡出：声音播放期间逐渐减小声音。

自定义：可以自己调节声音的大小变化方式。

③“同步”选项，用于确定声音播放的时间，有“事件”“开始”“停止”“数据流”等选项。一般在开始音频的关键帧上选择“开始”选项。

④ “重复”选项，用于确定声音播放的次数，如果不想使声音停止，可以选择“循环”选项。

(4)在“声音”图层后面一点的位置添加一个普通帧，就可以看到在该“时间轴”上的声音波纹，如图 6-10 所示。

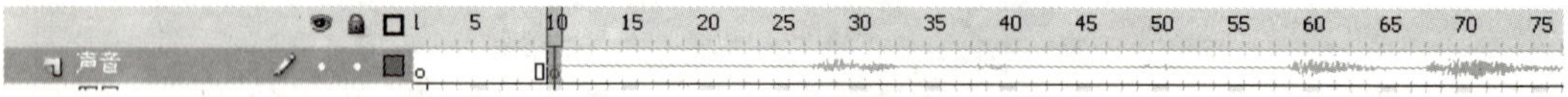

图 6-10　“声音”的“时间轴”

(5)这样就完成了声音在 Flash CS5 动画中的添加，播放动画时就可以听到声音了。

(6)如果想要在某点停止音乐的播放，那么就选择音频开始后的某一帧，将其转换为关键帧，并为其设定“事件”为“停止”，就可以只在该段时间内听到声音，如图 6-11 所示。

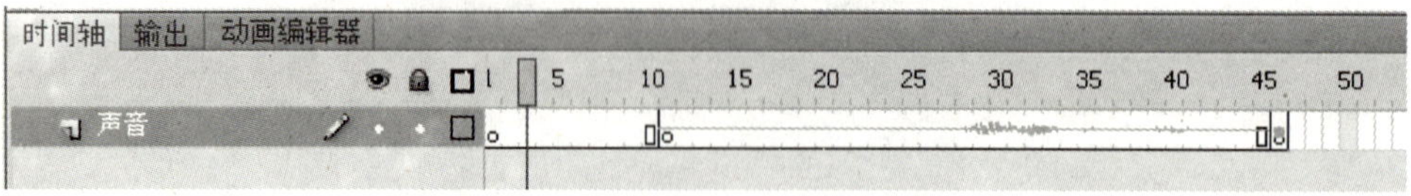

图 6-11　设定“声音”的开始与停止

§6.2.3　声音输入属性的设定

在输出带声音的动画时，通常不能将原来的声音直接输出，这样会影响 Flash CS5 的播放效果和文件的大小，因此，我们需要设置单个声音的属性。

(1)在音频文件导入到库面板以后，右键单击库面板中的声音文件，并选择“属性”选项，如图 6–12 所示，就会弹出“声音属性”面板。

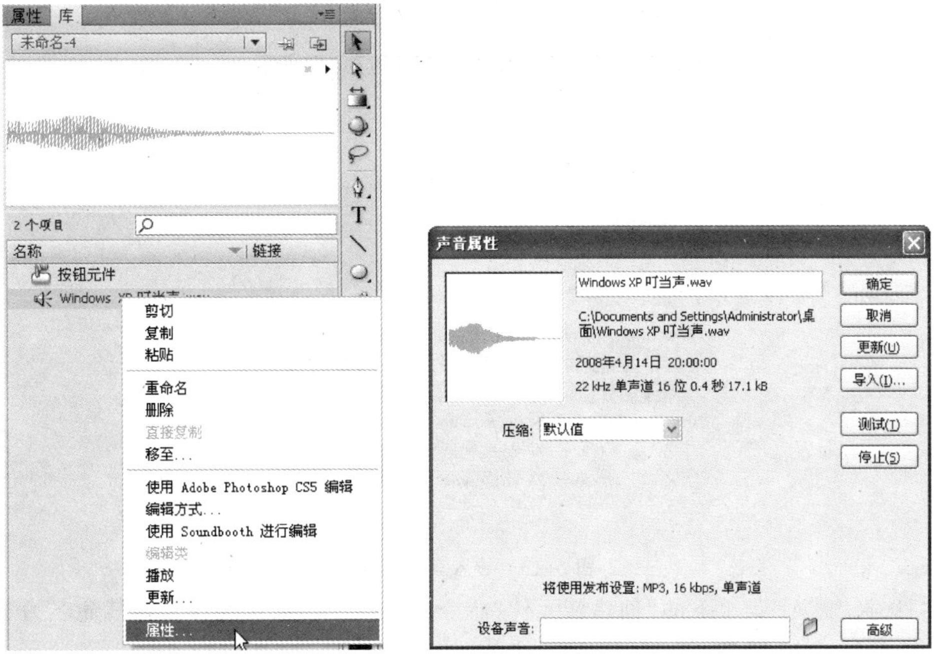

图 6–12　“声音属性”面板

(2)在“压缩”选项的下拉菜单中，选择压缩声音的格式。

①“ADPCM”选项，可以将音频文件压缩成 16 位的声音数据，一般用在输出短的事件声音中。在它的选项里，可以选择是否将立体声转换为单声，并且可以设置声音的采样率和 ADPCM 的位数。

②“MP3”选项，允许以 MP3 格式对声音进行压缩，一般在输入较长的声音数据时采用这种方式。在它的选项里可以设置声音的比特率和品质。

③“原始”选项，表示将声音不加压缩就直接进行输出，在这个选项下可以设置声音的采样率和单双声道。

④“语音”选项，表示声音不加压缩就直接输入，这个选项只能设置声音的采样率。

(3)在设置完“压缩”后，选择“更新”可以对声音文件进行压缩处理；选择“测试”可以对声音进行试听；选择“停止”可以停止试听的效果。

(4)点击“确定”，就可以完成声音的“属性”设置。

§6.2.4　小实例——为按钮元件添加声音

这里我们做一个为按钮元件添加声音的小实例，以帮助大家对声音的添加进行更好的理解。其制作步骤如下：

(1)新建一个 Flash CS5 文档。

(2)选择“文件”菜单下的“导入”→“导入到库”命令，然后在弹出的对话框中选择需要的音频文件，如图 6–13 所示，这里我们导入 3 个音频。

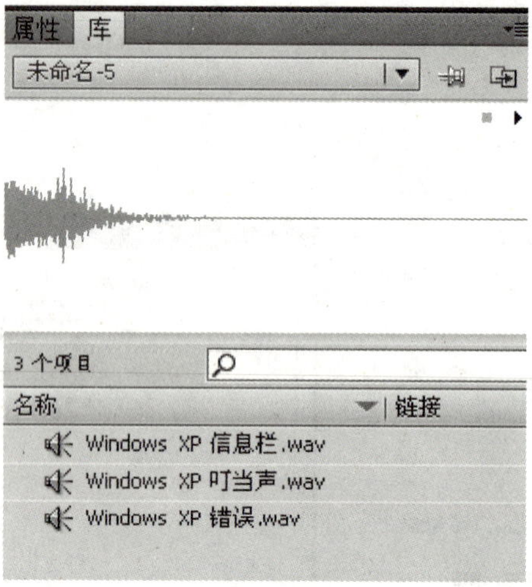

图 6–13　导入音频文件

(3)选择“插入”菜单下的“创建新元件”命令，新建一个“按钮元件”，将其命名为“有声的按钮”，如图 6–14 所示。

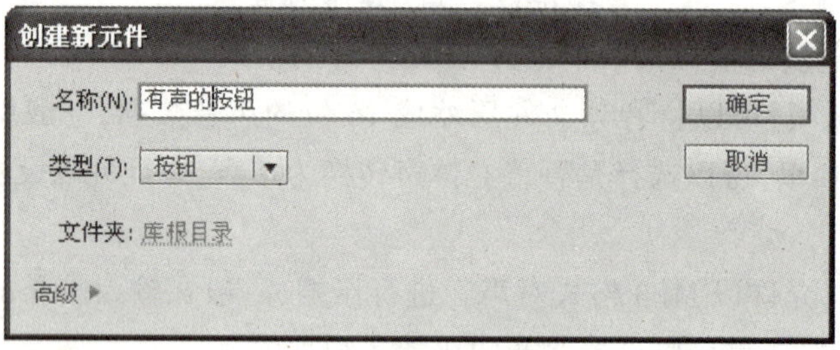

图 6–14　新建“按钮元件”

(4)在“按钮元件”的编辑窗口内，我们看到事件图层 1 上有“弹起”“指针”“按下”“点击”四个帧 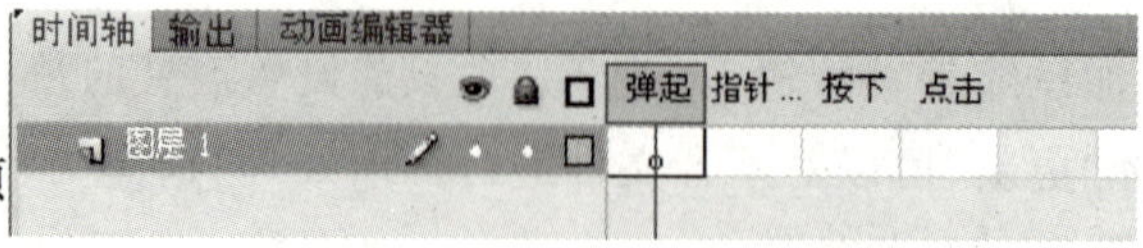

。我们选择为“指针”“弹起”和“按下”三个帧设置声音。

(5)先将“弹起”“指针”“按下”“点击”这四个帧的位置都插入关键帧，插入关键帧后的图层变为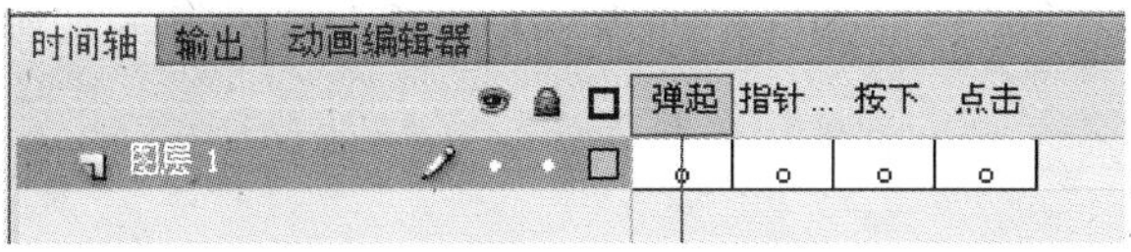

样式，然后分别选择每个关键帧，在每个关键帧上绘制一个不同颜色的圆圈，并保证每个圆圈在舞台相同的位置，绘制后的图片如图 6-15 所示。

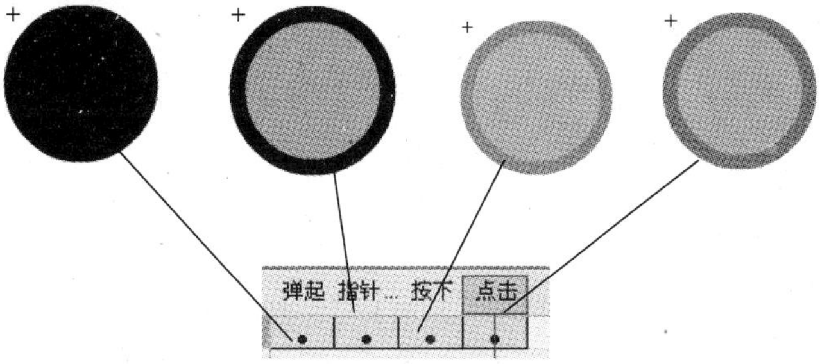

图 6-15　为“按钮元件”绘制图像

(6)新建一个图层，命名为“声音”，并在“指针”“弹起”“按下”三个帧的位置上插入关键帧，插入关键帧后的样式为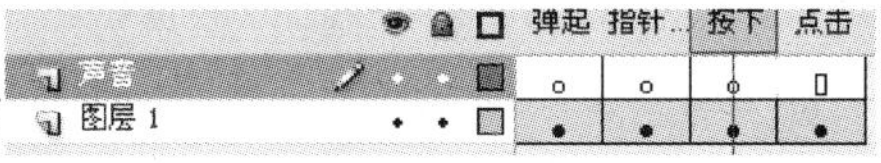

。

(7)选中“声音”图层的“弹起”帧

，并在“属性”面板的“声音”选项卡中选择“Windows XP 错误”声音

。同样的为“按下”帧选择“Windows XP 信息栏”声音、为“指针”帧选择“Windows XP 叮当声”声音，并将“点击”帧转换为“空白关键帧”，如图 6-16 所示。

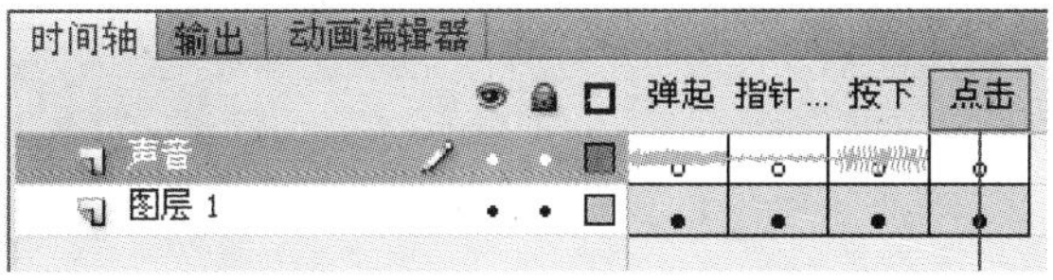

图 6-16　插入了声音的“声音图层”

(8)回到场景 1，将“有声的按钮”元件拖放到舞台上，就完了该动画，如图 6-17 所示。

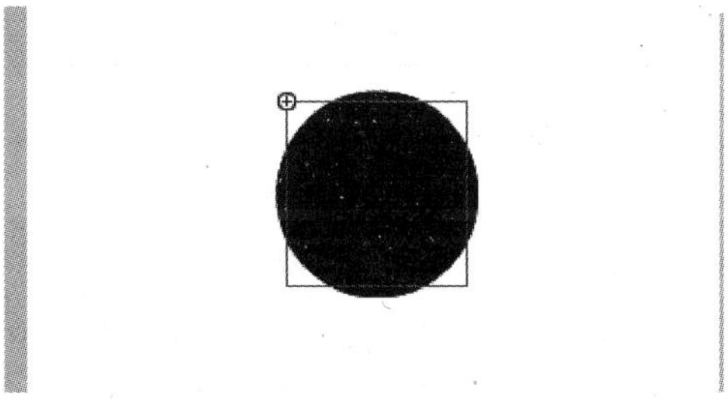

图 6-17　将元件拖放到舞台上

(9)使用“文件”菜单下的“发布预览” →“flash”命令就可以看到该动画的动画效果。

§6.3 视频的使用

Flash CS5 中除了可以导入图片、音频外,还允许导入视频文件。导入的视频格式没有太多限制,只要是系统支持的文件都可以导入到 Flash CS5 中进行操作。导入的视频可以作为整个动画,也可以作为动画的一部分;并且可以对导入的视频文件进行“缩放”“旋转”“遮罩”等操作。这一节我们就介绍视频的相关操作。

§6.3.1 导入视频文件

Flash CS5 导入视频的操作可以和导入图片、音频一样,使用“文件”菜单下的“导入”→“导入到库”命令,也可以采用专门的“导入” →“导入视频”命令。下面我们通过一个实例来讲解利用“导入视频”向导来进行视频的导入,其步骤如下:

(1)点击“文件”菜单下的“导入” →“导入视频”命令,然后就会弹出如图 6–18 所示的对话框。

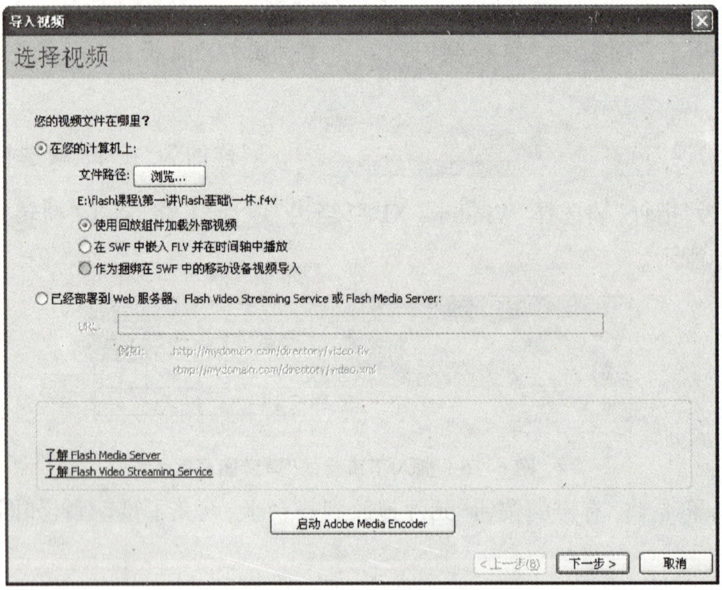

图 6–18 “导入视频”向导

(2)如果要导入本地计算机的视频,选择“在您的计算机上”,然后点击“浏览”按钮,在弹出的对话框内选择需要导入到 Flash CS5 中的视频,如图 6–19 所示。

如果需要导入的视频不是 FLV 或者 F4V 格式的文件,那么系统会弹出一个对话框,提示用户先启动 Adobe Media Encoder 对视频进行编码,如图 6–20 所示。

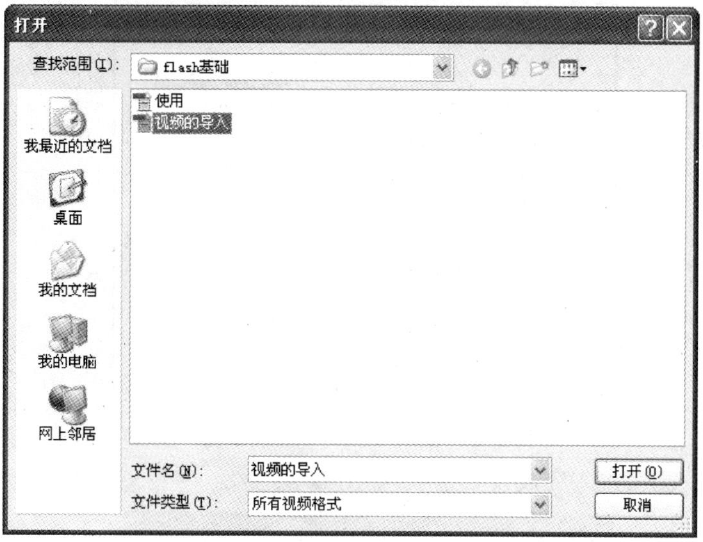

图 6-19 选择要导入的视频

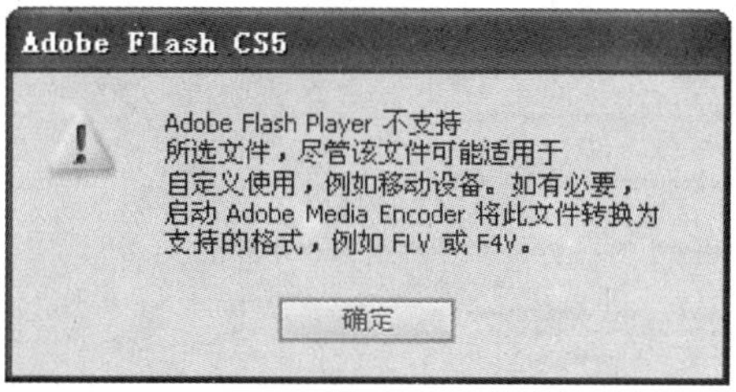

图 6-20 对视频进行编码

(3)在路径选择下方的选项用于设置部署视频文件的方式，其设置方式有三种：

①“使用回放组件加载外部视频”选项，这个选项在视频导入后会自动创建 FLVPlayback 组件的实例来控制视频的回放。

②“在 SWF 中嵌入 FLV 并在‘时间轴’中播放”选项，这个选项会将 SWF 嵌入到 F4V，在“时间轴”中播放，并将 FLV 或者 F4V 文件嵌入到 Flash CS5 文档中。但是这个选项会使得 Flash SWF 文件显著增加，因此该选项适合于比较小的视频文件。

③“作为捆绑在 SWF 中的移动设备视频导入”选项，这个选项会将视频绑定到 Flash Lite 文档中来部署移动设备。

在这里我们使用第一个选项进行举例。

(4)单击“下一步”，就可以进入视频外观的选择，在这个选项中可以选择视频的外观和颜色，如图 6-21 所示。

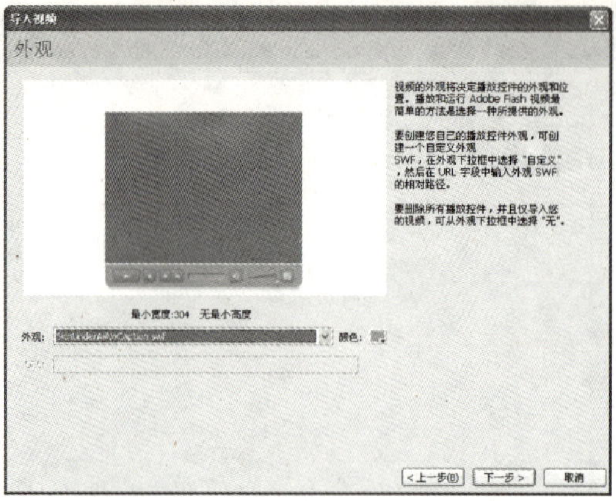

图 6-21 选择视频的外观和颜色

(5)单击“下一步”,进入完成设置选项,如图 6-22 所示。

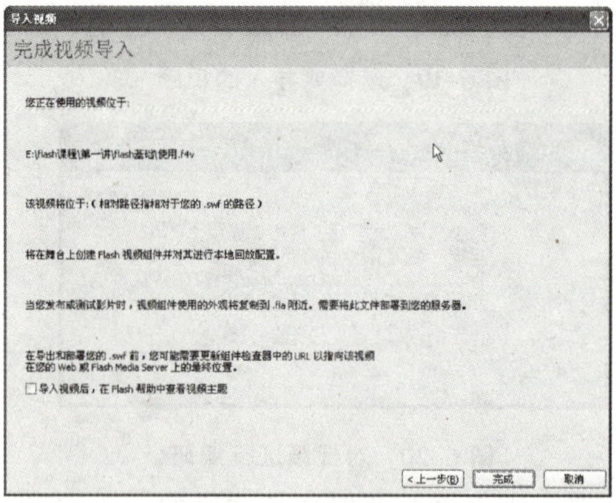

图 6-22 完成视频导入

(6)单击“完成”就可以在舞台上看到视频的导入到舞台上的效果,如图 6-23 所示。

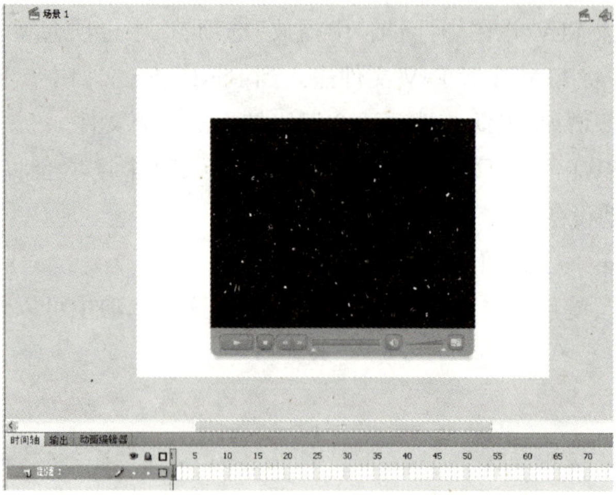

图 6-23 视频的导入到舞台上的效果

与前面的 Flash 版本不同的是,Flash CS5 可以在舞台上直接播放视频，也可以选择在“时间轴”上的任一位置进行拖放,这就方便了视频的控制和查看。

§6.3.2　视频对象的设置

在视频导入后,选中“视频”,就可以在它的“属性”面板中对其组件参数进行设置,如图 6–24 所示。

图 6–24　视频的“属性”面板

(1)align:用于设置对齐方式,可以选择“居中”“左对齐”“右对齐”“顶端对齐”“底端对齐”“顶端居左”“顶端居右”“低端居左”“低端居右”等选项。

(2)autoPlay:用于设置是否自动播放,用于控制动画播放时该视频是否自动播放。选中该选项,视频就会自动开始播放;反之,则需要手动点击开始才会开始视频的播放。

(3)cuePoints：这个属性说明 ActionScript 提示点和已禁用的嵌入式 FLV 文件提示点,是专门为"组件"检查器使用而创建的,通过任何其他方式不能对其进行设置。

(4)isLive:这个属性表示该视频是否是实时视频流,只有在从 FCS 或 FVSS 进行流式加载时,这个属性才有效。

(5)Preview:这个属性表示该视频是否有预映,在“属性”面板中是无法修改的属性。

(6)scaleMode:这个属性用来设置视频播放的缩放模式。它不同的选项用来控制视频播放时是保持一个固定大小,还是随着窗口进行改变。

(7)skin:用于设置播放器的外观。

(8)skinAutoHide:用于设置播放时是否自动隐藏播放进度条。

(9)skinBackgroundAlpha:用于设置播放器的背景透明度。

(10)skinBackgroundColor:用于设置播放器背景颜色。

(11)source:用于重新选择播放文件的路径。

(12)volume:用于控制视频开始播放时的音量。输入 0 时,代表在开始播放时视频的音量为 0;输入 1 时,代表在开始播放时视频的音量为最大。

§6.4 综合实例 1——添加音效的制作

这个实例主要的目的是让大家掌握如何为一个已经制作好的动画添加音效。

添加音效的制作步骤如下:

(1)打开 Flash CS5 的文档。

(2)选择“文件”菜单下的“打开”命令,打开第 5 章制作的“动画背景.fla”文件。

(3)新建一个图层,命名为“声音”。选择“文件”菜单下“导入”→“导入到库”命令,将音乐文件导入到 Flash 的库中来,如图 6-25 所示。

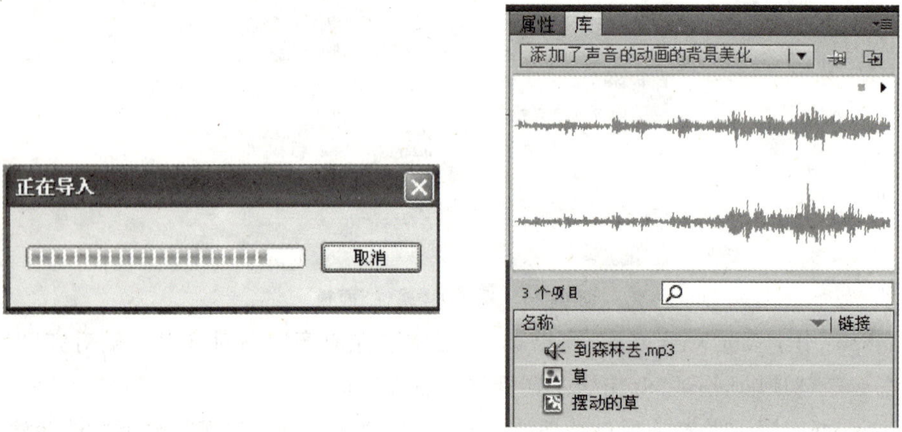

图 6-25 导入音乐文件

(4)将音频文件拖放到舞台“声音”层上,使用“文件”菜单下的“发布预览”→“flash”命令可以看到该动画的动画效果,就可以听到播放出声音的动画了。

§6.5 综合实例 2——停止音效的制作

本实例通过添加一个简单的按钮元件和动作指令,停止音效的播放。

停止音效的制作步骤如下:

(1)打开 Flash CS5 的文档。

(2)选择“文件”菜单下的“打开”命令,打开综合实例“动画背景.fla”文件。

(3)新建一个图层,命名为“按钮”。选择“窗口”菜单下的“公用库”→“按钮”命令,打开 Flash CS5 自带的按钮库,如图 6-26 所示。

(4)将选定的按钮元件拖放到“按钮”图层上,如图 6-27 所示。

图 6-26　按钮库

图 6-27　放置按钮到图层上

(5)选择按钮实例,打开“动作”面板,并在“动作”面板中输入如下代码:

```
on (release) {
    stopAllSounds ();
            }
```

如图 6-28 所示。

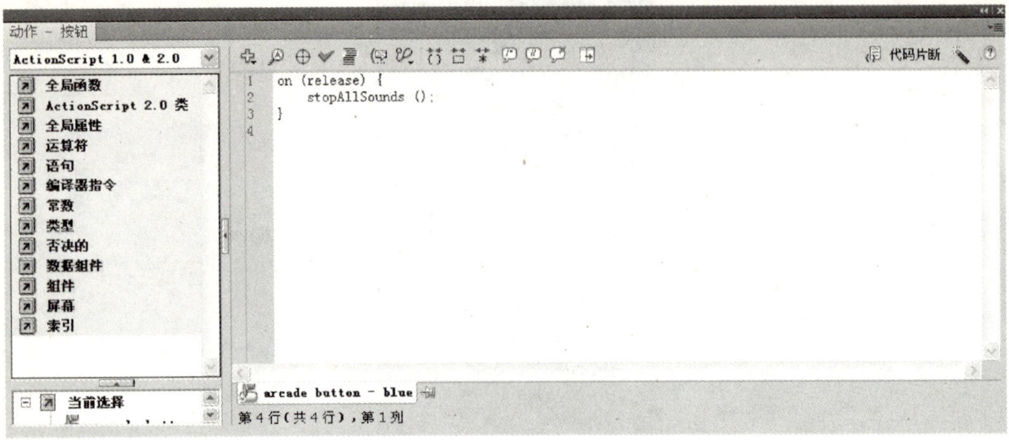

图 6–28　在“动作”面板中输入代码

(6)使用“文件”菜单下的“发布预览”→“flash”命令就可以看到该动画的动画效果，如图 6–29 所示。点击“按钮”就可以停止音效的播放。

图 6–29　动画的最终效果

练习题

1.Flash CS5 导出的文件类型有哪几种？

2.怎样导入声音素材？

3.动手操作：制作一个音乐 MTV。

第 7 章　Flash CS5 动画进阶

前面我们已经学习了 Flash CS5 的五种基本动画的制作方法，这一章我们将结合 Flash CS5 提供的高级工具，介绍 Flash CS5 高级动画制作的一些简单内容。

重点难点：

※掌握补间动画的制作。

※掌握 Flash CS5 反向运动动画的制作。

※了解动作面板的使用方法。

※了解交互动画的制作。

§7.1　补间动画

补间动画是从 Flash CS4 开始新设的动画形式，是比较传统的补间动画和补间形状，它拥有更强大的功能和更精确的控制，制作也更为方便。下面通过一个实例来讲解补间动画的制作方法，其制作步骤如下：

(1)新建一个 Flash CS5 文档。

(2)在图层 1 上绘制一个矩形代表"地面"，如图 7-1 所示。

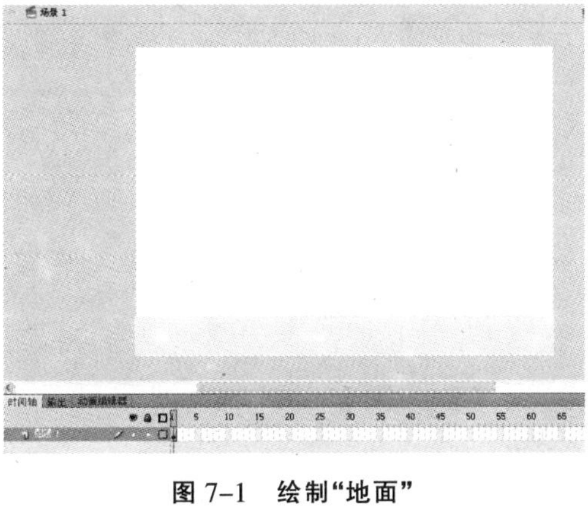

图 7-1　绘制"地面"

(3)新建一个图层,命名为“运动的小球”,并将库面板中的“小球”元件拖放到该图层的第 1 帧,如图 7–2 所示。

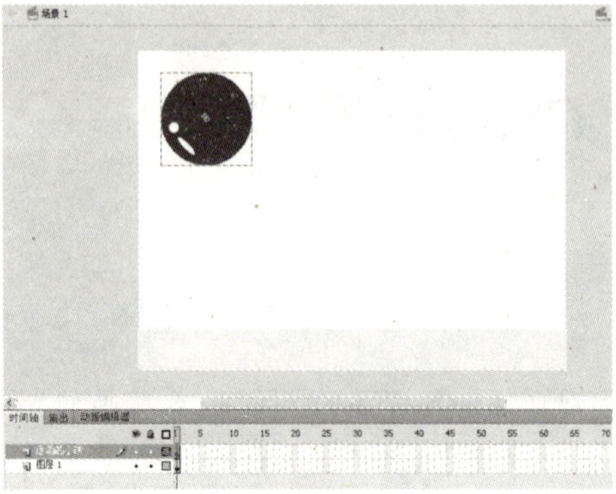

图 7–2　新建“小球”元件

(4)在两个图层的第 50 帧的位置均“插入帧”,如图 7–3 所示。

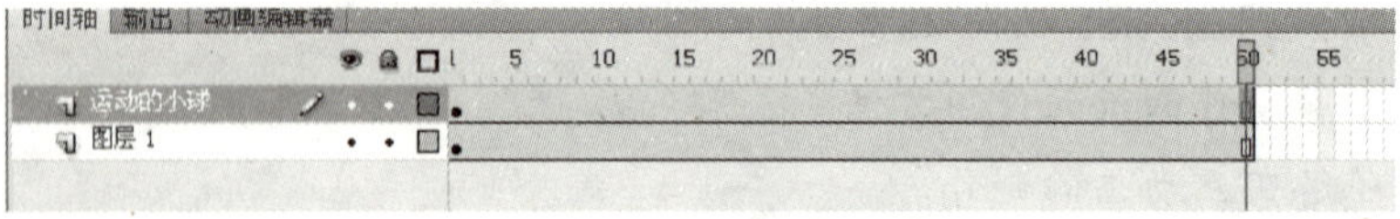

图 7–3　在第 50 帧的位置插入帧

(5)在“运动的小球”图层上第 2 帧至第 50 帧的任一位置单击鼠标右键,选择“创建补间动画”命令,这时“运动的小球”图层就会变成蓝色背景区域,如图 7–4 所示。

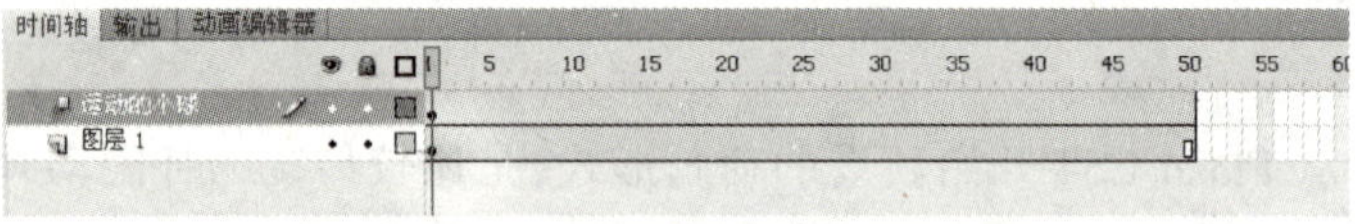

图 7–4　在第 2 帧至第 50 帧的任一位置创建补间动画

(6)选中“时间轴”上的第 10 帧,并开始移动“小球”元件,这时 Flash 文件将自动记录该元件的运动终点并自动为其创建动画,在“运动的小球”图层上的第 10 帧位置出现一个菱形的实心点,称之为“属性点”,如图 7–5 所示,从第 1 帧至第 10 帧位置会出现一条线段,

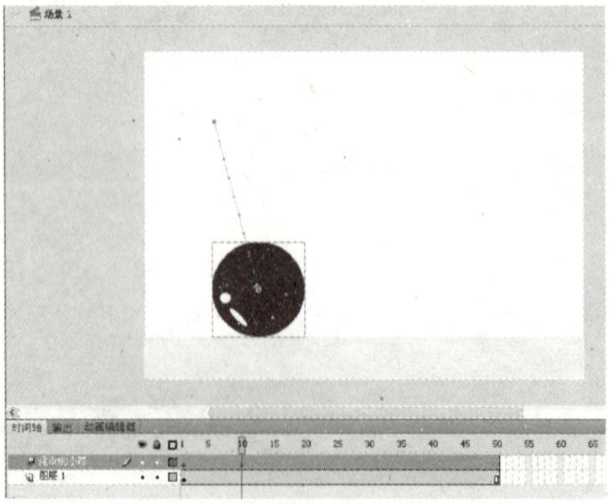

图 7–5　在第 10 帧为“运动的小球”添加“属性点”

上面有 10 个原点，每个原点表示在该帧时元件所在的位置。

(7)同理在第 20 帧、第 30 帧、第 40 帧、第 50 帧的位置可以为小球创建“属性点”，结果如图 7-6 所示，这时就完成了基本的动画制作。

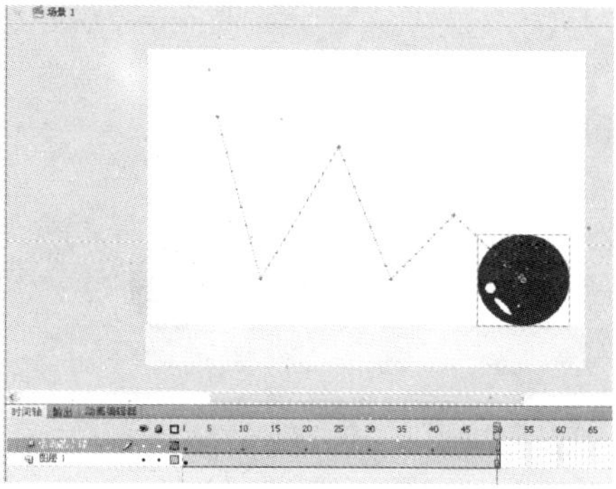

图 7-6　为“运动的小球”添加“属性点”

(8)在以上制作的基础上，我们还可以为该动画设置 3D 的运动效果。选中第 50 帧上的“小球”元件，点击“属性”面板上的“3D 定位和查看”面板，就可以为其设置 Z 轴的坐标，这里设置为 500(其他设置不变)，结果如图 7-7 所示。

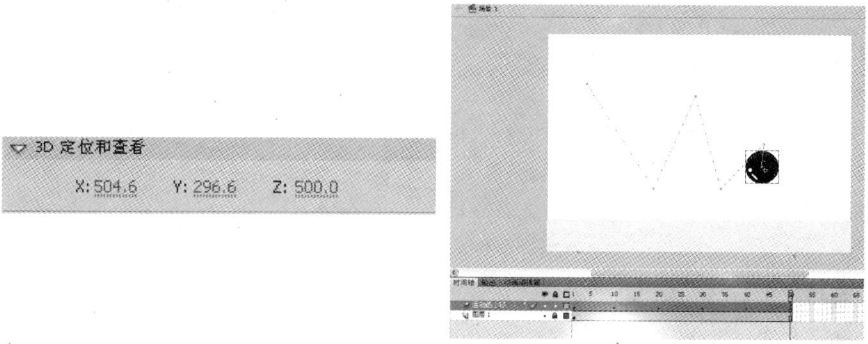

图 7-7　在第 10 帧设置 3D 效果

(9)按照步骤(8)的方法，为第 40 帧、第 30 帧、第 20 帧、第 10 帧位置上的小球分别设置 Z 轴的坐标为 400、300、200、100，结果如图 7-8 所示。测试得到的效果就如同小球向屏幕深处跳动而去。

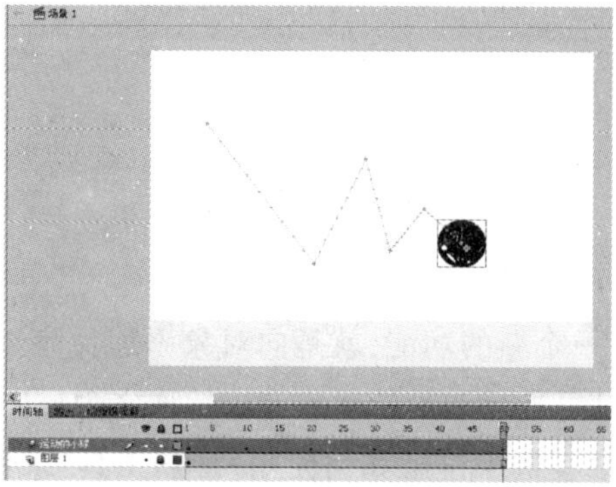

图 7-8　设置 3D 效果

此外，还可以使用“选择工具”，通过改变线段的形状来改变小球的运动轨迹，如图 7-9 所示。

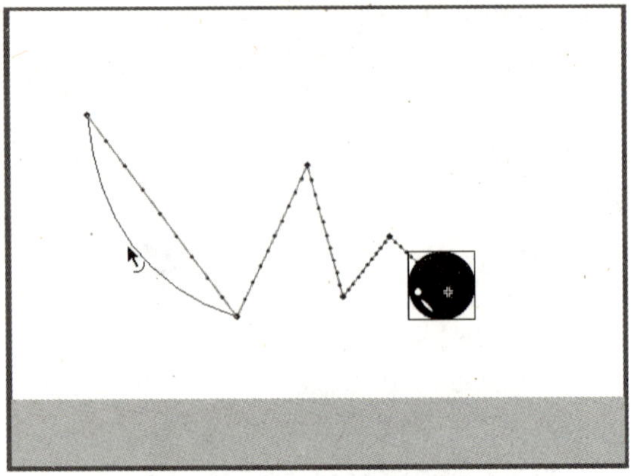

图 7-9　改变“小球”的运动轨迹

除此之外，通过 Flash CS5 提供的动画编辑器可以更精确地设置动画的“移动轨迹”“色彩效果”“方向”“位置”“滤镜效果”“缓动效果”等，如图 7-10 所示。

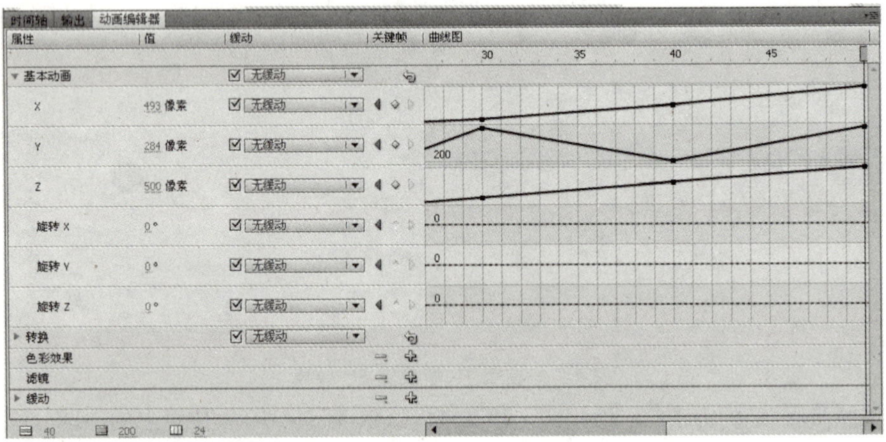

图 7-10　使用“动画编辑器”

通过上述实例我们不难发现，补间动画比传统的补间和引导层动画更容易制作、修改和控制。

§7.2　反向运动

在 Flash CS5 中添加了一个新的功能，就是向对象添加骨骼。使用骨骼的关节结构对一个对象或彼此相关的一组对象进行动画处理的方法就称之为反向运动。

这一节我们将通过一个实例来讲解如何使用“骨骼工具”来创建一个反向运动的动画

效果。首先要注意的是，如果我们要使用“骨骼工具”，就必须在 Flash 创建的时候选择 ActionScript 3.0 版本,其制作步骤如下：

(1)新建一个 Flash CS5 文档,选择 ActionScript 3.0 版本。

(2)新建一个“爬动的竹节虫”的影片剪辑元件,并使用绘图工具在编辑器中绘制一个竹节虫的效果,如图 7-11 所示,该竹节虫的每一节都是由一个不规则的方块构成。

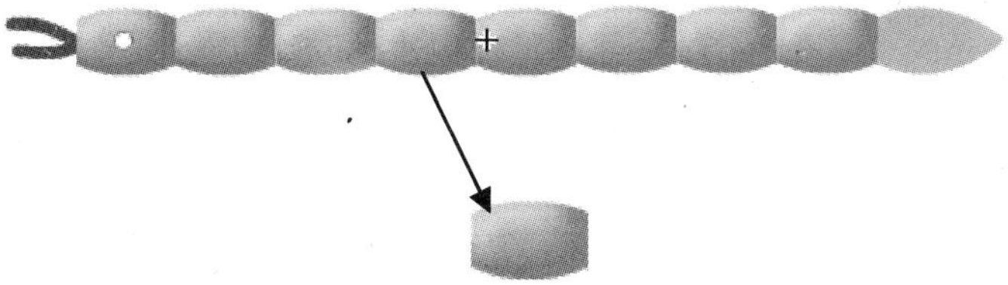

图 7-11　绘制竹节虫

(3)使用“工具栏”中的“骨骼工具”为竹节虫创建骨节,如图 7-12 所示,这时 Flash CS5 会自动添加一个“骨架”图层,如图 7-13 所示。

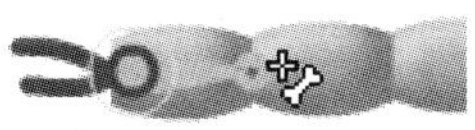

图 7-12　为竹节虫添加骨骼

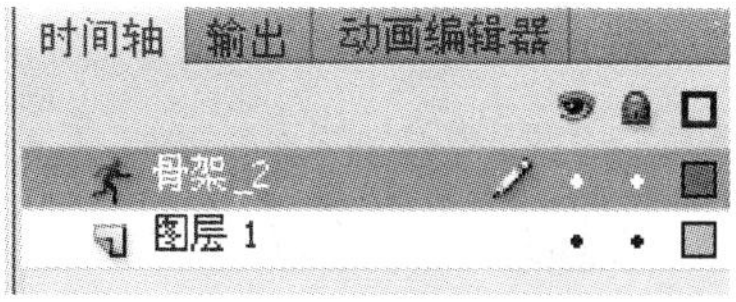

图 7-13　“骨架”图层

(4)重复步骤(3),为整条竹节虫设置骨骼,并注意创建出的新的骨骼必须紧接着上一个骨骼的末尾,如图 7-14 所示。

图 7-14　为整条竹节虫添加骨骼

(5)在“骨架”图层的第 10 帧和第 20 帧的位置分别点击鼠标右键,选择“插入姿势”选项,如图 7-15 所示。插入姿势后的“时间轴”如图 7-16 所示。

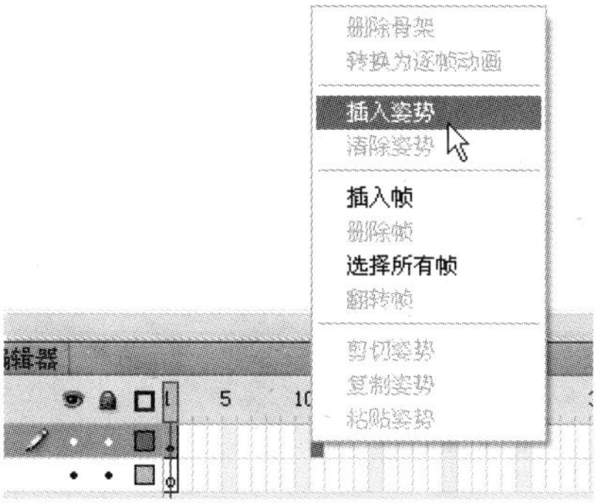

图 7-15　插入姿势图

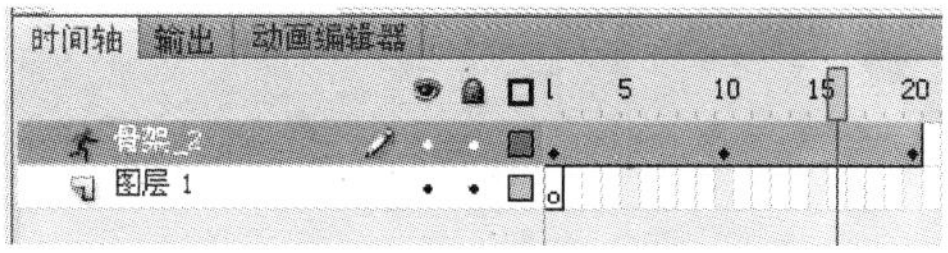

7-16　插入姿势后的“时间轴”

(6)选中“骨架”图层的第 10 帧,使用“选择工具”对其进行调整,如图 7-17 所示。

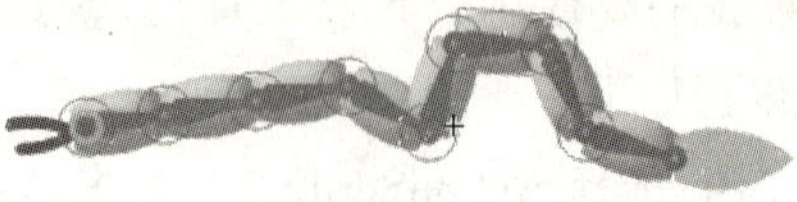

图 7-17　调整后第 10 帧的骨骼姿势

(7)这时就完成了骨骼动画的设置。

(8)回到场景 1,将“爬动的竹节虫”元件拖放到舞台的右端,然后在第 90 帧的位置插入关键帧,并将“爬动的竹节虫”元件拖放到舞台的左端,在第 1 帧至第 90 帧创建传统补间动画。

(9)使用“文件”菜单下的“发布预览” →“flash”命令就可以看到一条爬动的竹节虫的动画效果。

这就完成了反向运动的动画制作,我们看到,使用“骨骼工具”可以更加逼真地模拟出骨骼运动的弹性和效果。

§7.3　交互动画基础

Flash CS5 介绍的交互是指人与计算机之间的对话过程，也就是计算机接收人发出的命令,并进行执行的一个过程。交互式动画在播放时能够受到人的控制,而不是像普通动画一样从头到尾进行播放。这种控制可以体现在动画播放者的操作,也可以体现在动画制作时预先设置的某种变化的按钮事件。

§7.3.1　动作面板

要创建交互动画,就必须使用到“动作”面板。通过“动作”面板我们可以创建与编辑脚本,还可以帮助选择、拖放、重新安排以及删除动作。在关键帧、按钮或者是影片剪辑上附加脚本,就可以创建所需要的交互动作。

选择“窗口” →“动作”命令即可打开“动作”面板,如图 7-18 所示。

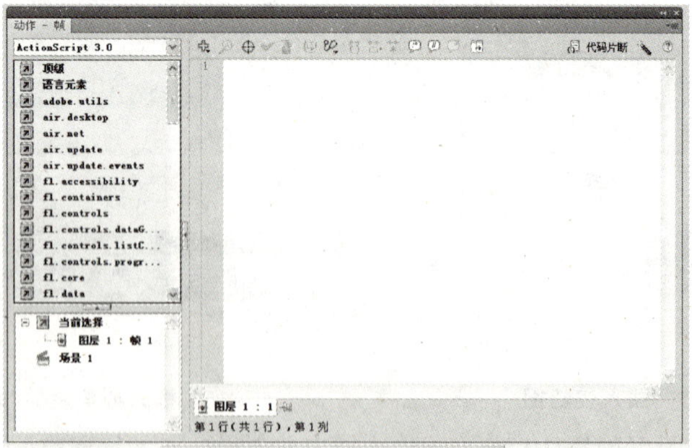

图 7-18　“动作”面板

在舞台上选择帧、按钮或影片剪辑，激活“动作”面板，“动作”面板会随着所选择的内容而发生改变，以反映当前选择，如当前激活的就是帧的“动作”面板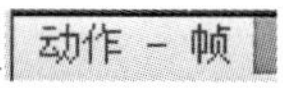

。

§7.3.2 使用动作面板

打开了“动作”面板，就要使用“动作”面板添加相应的动作，其步骤如下：

(1)单击“动作”面板中的某个类别，显示该类别中的“动作”，如图 7–19 所示。

图 7–19 “动作”类别

(2)双击选中的动作，或者将其拖放到脚本窗格中，即可在脚本窗格中添加该动作；当所添加的动作需要更多的参数时，系统还会在后面列出相应的提示，如图 7–20 所示。

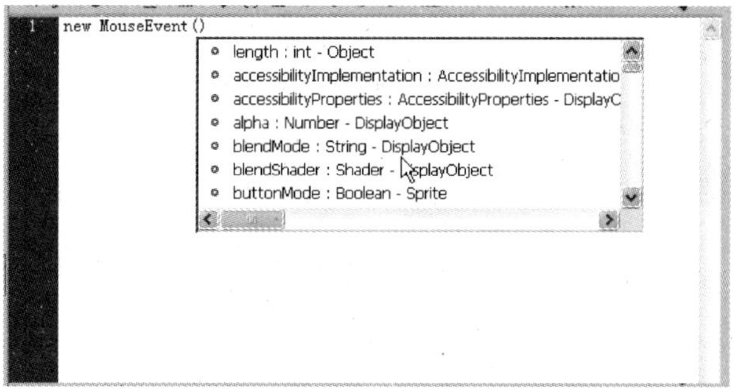

图 7–20 添加了鼠标事件

Flash CS5 中除了增强代码易用性功能外，还新增了代码片断库，将常用的动作代码编入库中，使得用户可以便捷地将预置的代码块添加到对象或“时间轴”的帧上。

单击“动作”面板右上角的“代码片断”按钮

，就可以弹出“代码片断”面板，如图 7–21 所示。

使用“代码片断”面板添加动作的步骤如下：

(1)选择舞台上的对象或“时间轴”中的帧。这里需要注意的是，在使用“代码片段”时，如果选择的对象不是元件实例或 TIF 文本对象，Flash CS5 会将该对象自动转换元件；如果

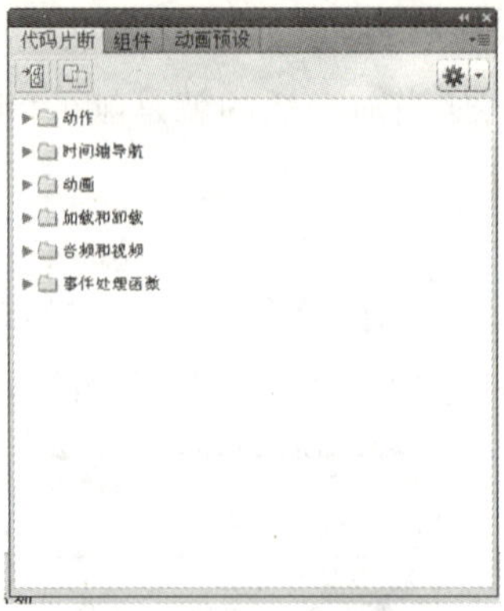

图 7-21 “代码片段”面板

选择的对象没有实例名称，Flash CS5 会自动为对象添加一个实例名称。

(2)执行“窗口”菜单下的“代码片断”命令，或单击“动作”面板右上角的“代码片断”图标按钮，打开“代码片断”面板。

(3)双击“代码片断”，便可将相应的代码添加到脚本窗格之中，如图 7-22 所示。

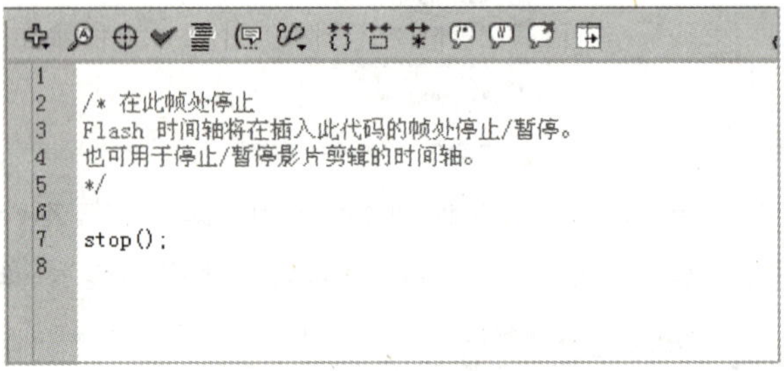

图 7-22 添加的“代码片段”

有的“代码片段”是为“帧”设计的，有的“代码片段”是为了某个对象设计的。当选中的是帧，却要添加对象的“代码片段”时，Flash CS5 会弹出相关提示，如图 7-23 所示。

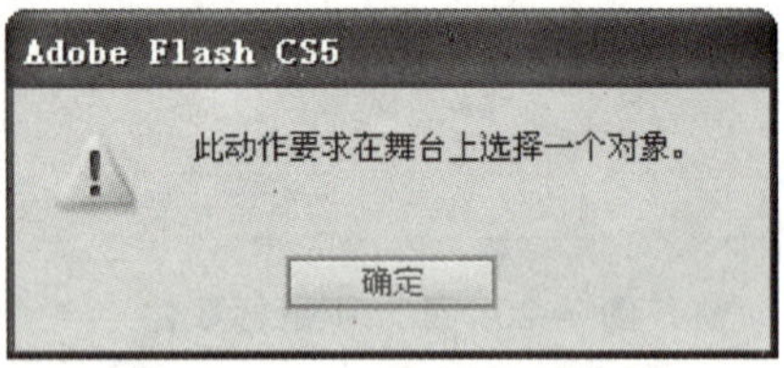

图 7-23 提示不能添加“代码片段”

添加的“代码片段”都会在代码的开头进行相关的注释，注释一般用“/*”和“*/”括起来，注释内容不会影响代码的执行。

(4)“代码片段”添加后，在“动作”面板中，可以查看新添加的代码并根据注释修改或添加相关内容。

§7.3.3 为对象添加动作

前面我们介绍过，在 Flash CS5 中，可以为帧、按钮以及影片剪辑添加动作，下面我们就分别介绍为这几个对象添加动作的方法和步骤。

为帧添加动作的步骤如下：

(1)在“时间轴”上选中需要添加动作的关键帧，如图 7–24 所示。

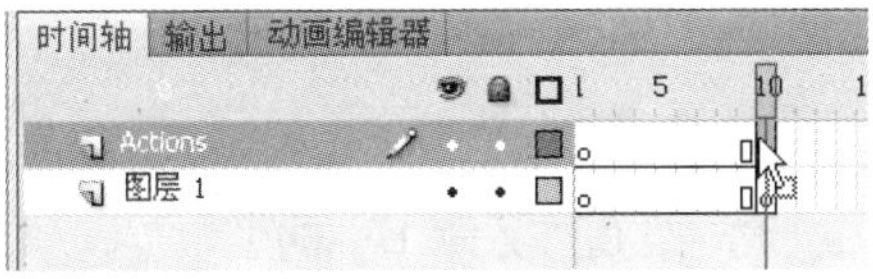

图 7–24 选定关键帧

(2)在“动作”面板的工具箱里选择需要添加的动作，然后将其添加到脚本窗格中去；或在脚本窗格中，根据需要编辑输入的动作语句。

(3)重复步骤(2)，直到添加完全部的动作。此时，在“时间轴”中添加了动作的关键帧上就会显示一个小“a”，如图 7–25 所示。

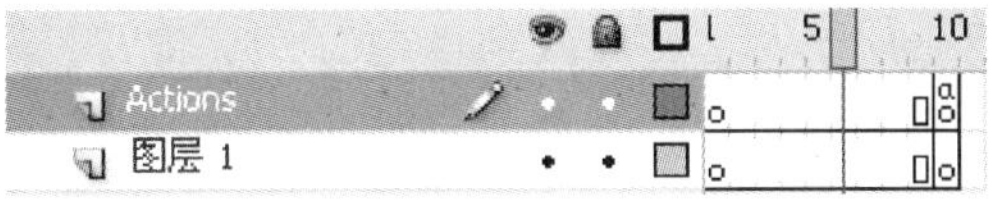

图 7–25 添加了动作的关键帧

为按钮和影片剪辑添加动作的步骤与为帧添加动作相似，都是要提前选中需要添加动作的对象，然后在“动作”面板中进行相应的选择和输入，这里就不再赘述。

§7.4 交互动画的常见动作

在简单动画中，动画会按照顺序从第 1 帧播放到最后 1 帧，但在交互动画中，用户可以通过键盘或者鼠标进行跳转到影片的不同部分、移动对象、输入内容等操作。

§7.4.1 跳转到某一帧或场景

要跳转到影片中的某一特定帧或场景，使用的是 goto 动作。当影片需要跳转到某一帧时，可以选择参数来控制是从这一帧开始播放影片，还是在这一帧停止。

goto 动作在“动作”面板作为两个动作列出：“转到并播放动作 gotoAndPlay()”和“转到并停止动作 gotoAndStop()”。后面的括号里可以输入“帧号”“帧标签”或“表达式”。

通过这两个动作，影片可以跳到一个场景并播放指定的帧，或跳到下一场景或上一场景的第 1 帧。

§7.4.2 播放或者停止影片

在 Flash CS5 中，除非另有命令指示，否则影片一旦开始播放，它就要把“时间轴”上的每一帧从头播放到尾。我们可以通过使用 play 和 stop 动作来控制“时间轴”、任意影片剪辑或已加载到“时间轴”的影片。

这里需要注意的是，这两个动作的加载可以是针对“时间轴”上的帧，也可以是针对某个按钮或者影片剪辑对象。

§7.5 综合实例——鼠标擦窗效果的制作

这里通过一个具体的实例，让大家了解“动作”面板的使用和为对象如何添加动作的方法。

(1)新建一个 Flash CS5 文档。

(2)选择“文件”菜单下的“保存”命令，在弹出的对话框中输入文件名“鼠标擦窗效果”，并选择保存的路径，单击“保存”按钮。

(3)选择“文件”菜单下的“导入”→“导入到舞台”命令，将背景图导入并放置到舞台上，如图 7-26 所示。

图 7-26 导入背景图到舞台

(4)选择“插入”菜单下的“创建新元件”命令，新建一个名为“格子”的图形元件，然后在元件编辑器的窗口中绘制一个边长为 25 像素的正方形，并将其填充颜色设置为“白色”，边框色为“无”，如图 7-27 所示。(这里为了让大家看清楚，将背景色设置成了黑色)

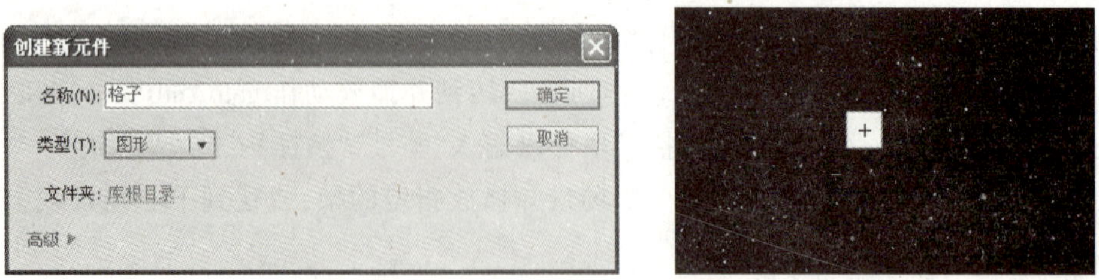

图 7-27 新建“格子”图形元件

(5)选择“插入”菜单下的“创建新元件”命令，新建一个名为“格子按钮”的按钮元件，在它的编辑区域内将“格子”图形元件拖入到舞台中心，并将其 Alpha 值设置为 95%，如图 7-28 所示。

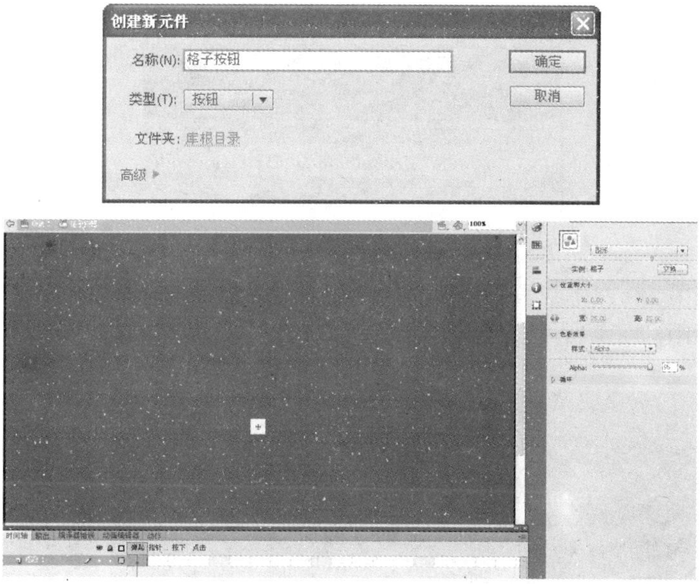

图 7-28 新建的名为“格子按钮”的按钮元件

(6)选择“插入”菜单下的“创建新元件”命令，新建一个名为“格子影片”的影片剪辑元件，在它的编辑区域内将“格子按钮”的按钮元件拖入到舞台中心，并打开“动作”面板，在“动作”面板中输入如下代码：

```
on (rollOver) {
    gotoAndPlay(2);
        }
```

如图 7-29 所示。

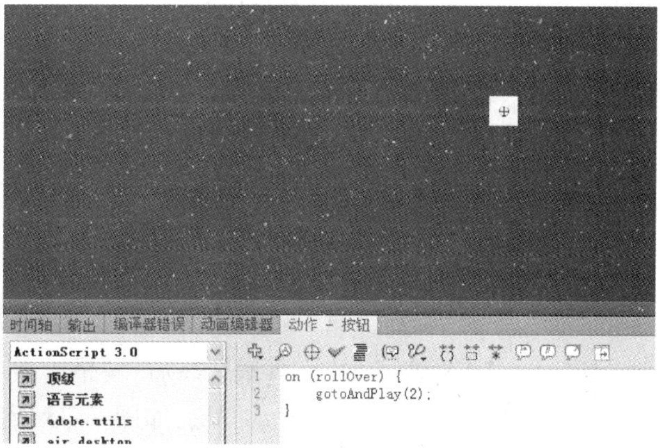

图 7-29 为“格子按钮”添加动作

(7)选中“格子影片”的影片剪辑元件中“时间轴”的第 1 帧，打开“动作”面板，输入如下代码：

```
stop();
```

这时“时间轴”上的帧就会变成如图 7–30 所示的样式。

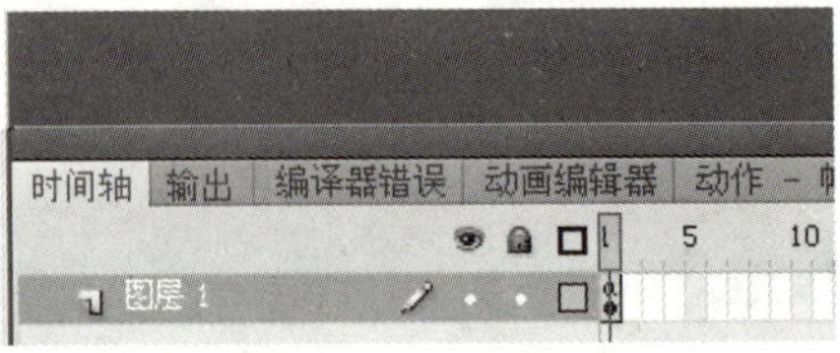

图 7–30　为第 1 帧添加动作

(8)在“格子影片”的影片剪辑元件的第 2 帧插入关键帧，然后将第 2 帧的元件的 Alpha 值调整为 0%，如图 7–31 所示。

图 7–31　在第 2 帧添加关键帧

(9)选中第 2 帧，同步骤(7)一样，为第 2 帧输入代码：

```
stop();
```

如图 7–32 所示。

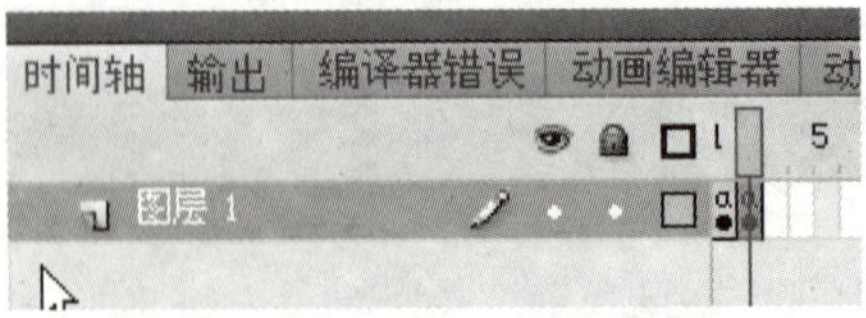

图 7–32　为第 2 帧添加动作

(10)回到场景 1，新建一个图层，命名为“遮盖层”，然后将“格子影片”的影片剪辑元件拖放到这一层上，并不断拖入，使其覆盖住整个背景图层，如图 7–33 所示。

图 7-33 放置“格子影片”到舞台上

(11)使用“文件”菜单下的“发布预览”→“flash”命令就可以看到该动画的动画效果。如图 7-34 所示。

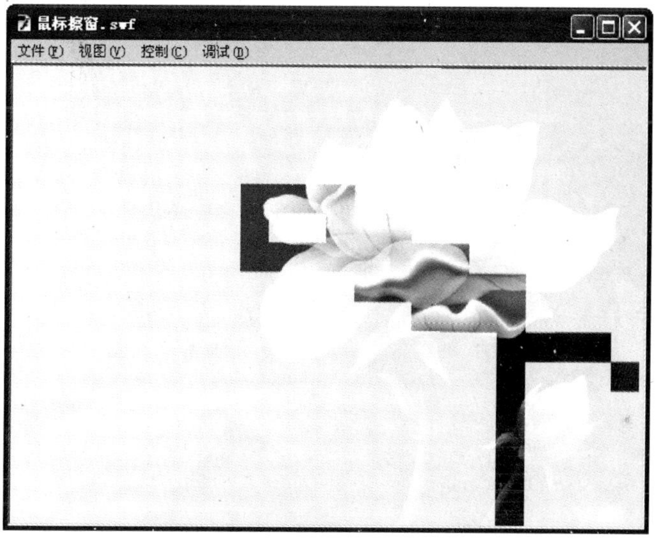

图 7-34 “鼠标擦窗”动画效果

练习题

1.如何创建反向运动?

2.交互的基本概念是什么?

3.在 Flash CS5 中如何为帧、按钮以及影片剪辑添加动作?

4.动手操作:利用反向运动制作一个弹动的指示牌。

参考文献

[1]美国 Adobe 公司. Adobe Flash CS4 中文版经典教程[M]. 陈宗斌,译.北京:人民邮电出版社,2009.

[2]Todd Perkins. Adobe Flash Professional CS5 Bible [M]. Wiley:JOHN WILEY&SONS INC,2010.